日本列島祈りの旅1

先住民の叡智を学び、
アイヌの英雄シャクシャインの
御霊の封印を解く

天外伺朗
Tenge Shiroh

シャクシャイン像と日《にち》暈《うん》と鷹

ナチュラルスピリット

1

アメリカ先住民との交流

2

❶ セドナでセクオイヤよりパイプを学ぶ。
❷ パイプストーンのサンダンス会場にて。

日本列島祈りの旅の始まり

❸ 判官岬展望台でパイプセレモニー。
❹ 岩内不動の滝で祈りを奉納。

❺ 岩内での祈りの後、虹色に輝く天女が昇っていった。
❻ 三浦半島のスウェットロッジで。「精霊の通り道」に強い光が写っていた。

目次

まえがき

生前葬を執り行い、葬り去ってしまったので（2006年）、私の本名、土井利忠なる人物は、いまはもうこの世には存在していない……ことになっている。土井利忠で出していた約千通の年賀状を全廃し、もう十年以上ペンネームの天外伺朗だけで生きてきた。

しかしながら、この本のエピソードがスタートする1997年当時、故・土井利忠はまだ存命中だった。CD（コンパクト・ディスク）やNEWS（ワークステーション）の開発責任者として、世の中ではかなりよく知られていた。

ちょうどこの本のストーリーたけなわの1999年には、AIBO（アイボ、犬型ロボット）を発売し、2000年にはROBODEX（ロボット博覧会）を主催し、マスコミには頻繁に登場し、人並み以上に、かなり派手な活躍をしていた。まともなエンジニア、もしくは技術マネジメント、あるいはソニーの役員としての人生だ。

本書は、土井利忠として生きた、そういう表の華やかな、まっとうな世界とは別に、ちょうど同じ時期にペンネームの天外伺朗として生きた、もうひとつの裏の人生の話から語りはじめている。

こちらは、世の中にはあまり知られることはなかったのだが、表の世界に決して引けを取らないほどの、波乱万丈、激動の日々だった。

そして私、天外伺朗はそれ以来、誰も信じられないような不思議な日々、とても奇妙で怪しげな人生を歩むことになった。

その間に私は、インディアンの長老より「聖なるパイプ」を拝領し、インディアン社会では長老としての活動をするようになっていった。それとともに、何の計画もせずに、行き当たりばったり行動するのだが、不思議と宇宙の流れに乗って、すべてがうまくいくという、とても楽な生き方(本書では「インディアン・スタイル」と呼ぶ)も身に着けていった。

現在の私(天外伺朗)は、医療改革、教育改革、企業経営改革、天外塾、ホワイト企業大賞など、多方面で活動させていただいている。また、断食や瞑想の指導もしている。

この豊かな晩年の人生を支える土台の形成には、ソニーで42年間、土井利忠として過ごした表のまともな人生で学んだことより、奇妙で怪しげな裏の人生で天外伺朗として身につけたことの方が、はるかに貢献している。

それはおそらく、文明社会におけるごく普通の常識とはまったく違う視点、違う角度から物事を眺めることができるようになったため、人間としての本質、いまの社会における問題点、改善の方向性などがクリアに浮かび上がってくるからだろう。本書では、それが読者にほのかに伝わるように工夫した。

伝統派のインディアンの文化や風習は、文明国とは大きく違う。ある意味では、理性と論理と我欲に毒された文明社会に対して、もっと質素で素朴で大自然と一体になった、味わい深い生き方を教えてくれる。

ただし、私の過去の著作や、数多く出版されている類書に見られるような、単純な先住民賛歌だけに終わらせたくない。それだと「先住民＝いい」「文明人＝悪い」という「分離」の構図の中に再び埋もれてしまい、これから「統合」に向かおうとしている社会の進化、人々の意識の成長・進化とは逆方向になる。

そこで、今回は思い切って、かなり書きにくい先住民の闇の部分にも触れることにした。そして、その奥にある、人間として最も本質的な「分離」と「統合」の問題に切り込んでいる（9章参照）。この部分は少し難解かもしれないが、人の意識の成長・進化、社会の進化などの基本的なベースであり、この視点から自分自身あるいは社会現象を眺めることができるようになれば、あなたの人生は大きく飛躍する。

現在のアメリカ、カナダには、激しい差別と迫害のため、すさまじい葛藤を抱え、それに何とか耐えて懸命に生きているインディアンたちが大勢いる。いま、大多数のアメリカ人、カナダ人たちは、このことを知らず、また、知っていても無関心だ。逆に、働かずに年金をもらっているインディアンを非難する声を多く聞く。自分たちの税金が無駄に使われている、という非難だ。働きたくても働く場所がないインディアンたちの窮状を理解する人は少ない。ましてや、白人が後から入ってきて、昔から住んでいたインディアンを駆逐していった、はるか昔の歴史に、いまさら思いを馳せる人はほとんどいない。

インディアンと共に行動していると、必然的に歴史をインディアン側から見る習慣が身につく。そうすると、文明人として生きている間は中々気づくことができない、様々な新鮮な見え方、感じ方が浮かび上がってくる。その感覚で日本社会を見ると、まったく同一のとんでもない構造があることがわかる。いま、日本列島を支配している私たち、いわゆる大和民族（和人）は、先住民族であるアイヌを、虐殺し、迫害し、北海道に追いやり、歴史から抹殺してきた。日本では、私たちが迫害するサイドだったのだ。

インディアンの迫害の歴史は５００年ほどだが、アイヌへの迫害はおそらく５０００年を超えるだろう。その歴史は、いまの日本人（大和民族）は誰も知らない。歴史が長いだけに、隠蔽の度合いはインディアンよりさらに激しい。

歴史というものは、常に戦争や政争に勝った勢力が、自分に都合がよいように書き換えてきた。『古事記』や『日本書紀』とて例外ではない。いま私たちが認識している「日本の歴史」というのは、限られた大和民族の歴史に過ぎない。この日本列島に、それ以外のいろいろな民族の様々な歴史があることは誰にも知られていない。過去の日本は天皇を神格化していたので、正統以外の歴史を語ることは宗教的なタブーであり、犯罪（不敬罪）

だった。

負けたサイドの歴史は、表舞台からは姿を消したが、それぞれの民族の中で密かに語り継がれている(口承で伝える家系がある民族もある)。だが、それとても恨み、つらみのため大きく歪んでいるかもしれない。

つまり、どこをどう探しても、正しい歴史、客観的な歴史、まともな歴史などは期待できないのだ。書かれたものは、一切信用できない。私たちが本当に頼りにできるのは、昔の人々がこの日本列島に残した、確かな刻印や、残された地名だけだ。

本書のメイン・ストーリーは、ふとしたはずみに、昔は日本中にアイヌが住んでいたこと、それを大和民族が虐殺を繰り返して北海道まで追い上げていったこと、神戸や水戸など「戸」がついた地名は、虐殺されたアイヌの怨念を封印した場所であることを知って、その封印を解く「祈りの旅」を始めたという記録だ。

日本の特殊性としては、アイヌ民族と大和民族との戦いがきわめて長期にわたったこと。怨念を封印する強力な方法論が存在したこと（おそらく空海が一役買った）。成仏させないで大多数の魂を封印することで、その後アイヌは輪廻転生ができず、また生まれてきてもご先祖のサポートを受けられないということ。そうして次第に民族の衰退に導くという、きわめて長期的な大戦略により大和民族が実権を握っていったと推定される。

この推定は、私以外に唱えている人はいないかもしれない。しかしながら、そうでも考えないと、日本中にやたらに怨念が封印された場所が多いことの説明がつかない。

私自身の活動としては、インディアンからアイヌへの先住民つながりの転換だが、最終的には、人はみな自分が生まれ育った土地に貢献する宿命にあるようだ。これも、宇宙の流れに乗っているうちに、自然にそうなっていったという、いわば「インディアン・スタイル」に導かれている。

本書では、私がインディアン社会に巻き込まれていった経緯から、四国の剣山で啓示を受けて、北海道でアイヌの英雄シャクシャインの御霊《みたま》に祈るところまでを書いた。

「祈りの旅」にはまだ始まったばかりだ。すでに島根県潜戸《くけど》における出雲王国以前の隠された歴史に触れつつある。続編にも期待していただきたい。

エンジニアとして、理性と論理と科学技術の世界で生きてきた土井利忠からは信じられないような話だが、土井利忠亡き後、これが天外伺朗のライフワークになっている。おそらくこのワークは、私の命がある間には完結しないだろう。その後も誰かが引き継いでくれることを願って本書を記し、また、吉岡敏朗監督に記録映画を撮っていただいている。

日本列島祈りの旅　始まりまでのクロニクル

1987　アメリカでサンダンスなどインディアンの伝統的儀式が解禁されたとされる
　　　ワークステーションNEWS発売
1988
1989
1990
1991　トム・ダストウ、北海道を訪れる
1992
1993
1994　トムら「アメリカ大陸横断祈りの旅」
1995　1月17日（阪神・淡路大震災）

天外が出会った先住民の長老たち

トム・ダストウ
カナダのインディアン、アニシュナベ族の長老

1996　2月　直感力研究会で講演
永六輔さんと対談

1997　8月　**マハーサマディ研究会**発足
第4回**フナイ・オープン・ワールド**でトムとアシリ・レラさんとウイリアム・コマンダに出会う

1998　5月　セクオイヤ・トゥルーブラッドと出会う（ボストン）
10月　ミシェル・オダンと東北地方講演旅行

1999　10月　セドナツアー下見（トム、山崎佐弓さん）。マーティン・ガスウィスーマを訪ねる
初代AIBO発売
瞑想センターの土地購入（三浦半島）

2000　1月　**セドナツアー**（アリゾナ州）
8月　**サンダンス**（ミネソタ州パイプストーン）、聖なるパイプ拝領
9月2日　第7回**フナイ・オープン・ワールド**
9月9・10日　**スウェットロッジ**（三浦半島）

アシリ・レラ
二風谷のアイヌの女性長老

ウイリアム・コマンダ
全米インディアンの頂点に立つ大長老

2000 広島原爆の火を掲げたピースウォーク
9月23日 **スウェットロッジ2回目**（三浦半島）
2001 11月 ロボット博覧会ROBODEX開催
2002
2003
2004 8月 **サークル・オブ・ネイションズ**（カナダ・ケベック州マニワキ）
2005
2006 5月 土井利忠、ソニー退職
7月 生前葬。以降、天外伺朗として生きる
2007
2008
2009
2010

セクオイヤ・トゥルーブラッド
チョクトー族の長老

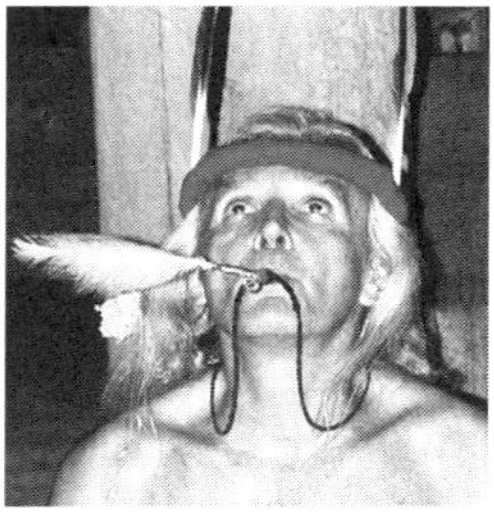

笛を吹くセクオイヤ

遊歴の地（北アメリカ大陸　1998〜2004年）

遊歴の地（日本列島　2000～2018年）

2011　3月11日　（東日本大震災）
8月　ウィリアム・コマンダ大長老逝去
白山比咩神社に参拝（石川県）
12月　ヴィジョン・クエスト下見
2012　5月3日　**ヴィジョン・クエスト**（岐阜県洞戸）
2013
2014　5月24日　**剣山でのパイプセレモニー**（徳島県）
2015　4月　日本列島祈りの旅キックオフの会が中止になる
5月30・31日　**出雲ツアー**（島根県）
2016　5月28・29日　**日本列島祈りの旅**（北海道日高地方のアイヌの聖地を巡る）
10月8・9日　**日本列島祈りの旅**（島根県潜戸）
2017　5月20〜22日　**日本列島祈りの旅**（東北・青森縄文の聖地を巡る）
10月7日　**日本列島祈りの旅**（島根県潜戸）
2018　5月19〜21日　**日本列島祈りの旅**（東北・岩手縄文の聖地を巡る）

マーティン・ガスウィスーマ
先住民代表として国連で演説したホピ族長老

マリリン・ヤングバード
ラコタ族の女性長老

1
2016年

シャクシャインが毒殺された場所
判官岬展望台でのパイプセレモニー

2016年5月29日、私は約50名の仲間とともに、北海道新冠町《にいかっぷちょう》の判官《はんがん》岬展望台にいた。海から切り立った高い崖の上、とても風光明媚な場所だ。

駐車場からここまでは、所々で海が見える緑深い約1キロメートルの道。天気は快晴、初夏の微風が快い。

ところが、何人かが悲鳴に似たうめき声をあげた。とても強い邪気（霊気）を感じるというのだ。

シャクシャインの戦いの跡

この場所には、はるか昔に松前藩の館があった。

1699年10月24日、長らく戦っていた松前藩と、シャクシャイン率いるアイヌの一族は、ここで和平の宴を囲んでいた。

ところが、シャクシャインは毒殺され、首を刎ねられてしまった。和人（大和民族）お得意の騙し討ちだ。

アイヌの伝承によると、通訳を務めていた和人の鷹匠、越後庄太夫《しょうだゆう》は、料理に毒が盛られていることを知っており、シャクシャインに目配せで「食うな」と伝えようとしたがかなわなかったという。

虐殺が起きた後、越後庄太夫は早馬を送ってアイヌ・コタン（村）に変事を知らせ、越前藩の襲撃があるから全員逃げるように伝えた。これは、何百人ものアイヌの命を救う結果につながった。

怒った越前藩は、越後庄太夫を生きたまま火あぶりの刑に処した。

……それも、この判官岬だった。

判官岬展望台でのパイプセレモニー。立って笛を吹いているのが天外伺朗。笛は南米のケーナだが、メロディーは日本調（即興演奏）。左がアシリ・レラさん、右が口羽秀典和尚。ちょうどパイプを回し喫みしている最中。（口絵❸）

大勢のアイヌの命を救った越後庄太夫は、アイヌの社会では神として祭られている。こんな素晴らしい景観の場所に、現在建物が立っていないのは、おそらくシャクシャインや越後庄太夫、そしてその時虐殺された多くのアイヌの怨念が強く、とても人が住める状況ではないからだろう。

それが、当日何人かのうめき声につながったようだ。

パイプセレモニーで御霊が上る

アイヌたちはこの場所で定期的に供養のお祈りをささげている。それにもかかわらず、300年以上たっても、怨念が払われることがなかった。

この日、私たちが大勢集まったのは、アイヌの女性長老、アシリ・レラさんの要望により、供養の儀式を執り行うためだ。

アイヌの祈りの儀式と、天外によるパイプセレモニー(アメリカ・インディアンの祈りの儀式)、そして真言宗の口羽《くちば》秀典《しゅうでん》和尚による施餓鬼供養という、誠に珍妙な組み合わせの儀式が行われた。

結論からいうと、この日、シャクシャインと越後庄太夫の御霊は３１７年ぶりに首尾よく上がっていった。

しかも、私のパイプセレモニーの最中に上がっていったのだという。

私自身は何も見えないので、それを告げられた時、一瞬きょとんとした。

正直いって「そんな馬鹿なっ！」という感じだった。私の祈りがそんなに強力なはずはない。

たまたま、２０００年8月に、インディアンの長老から「聖なるパイプ」（インディアン社会で最も基本的な祈りの儀式の際に使われる道具）を授けられ（7章参照）、インディアン社会ではいろいろな儀式を執り行うことが許された長老の一人に列せられており、以来多くのパイプセレモニーを行ってきたが、どちらかというと「遊び感覚」だった。

こんなシリアスな場面で実効のある祈りができるとは夢にも思っていなかったのだ。

この日の儀式の詳細は10章で改めて述べるが、42年間ソニーで働き、ＣＤやＡＩＢＯ

などを開発するという技術畑で働いてきた私が、なんでこのような、きわめて怪しい世界に突っ込んでいったのか。

しばらくの間、とりとめもない語りにお付き合いいただけたら幸いだ。

2

2014年

とんでもない啓示を受ける剣山でのパイプセレモニー

判官岬の祈りの儀式の約2年前の２０１４年5月24日、私は口羽秀典和尚と31名の仲間とともに、四国の剣山《つるぎさん》に登った。

やはり真言宗で、山岳修行に励む小瀧螺雲《こたきらうん》和尚が先導してくれた。

実はその前年、アメリカ・インディアンのホピ族の長老が来日し、剣山で祈りの儀式を執り行うという話があり、私も同行を予定していた。ところが、アメリカ政府の都合（国家予算が一時的に凍結された）で急遽それがキャンセルになった。

ホピ族とは過去にいろいろとご縁があったが、何故、はるかかなたの日本まで来て、剣山に登るのか、どういう儀式をやるのか、興味をそそられていた。

「じゃあ、代わりに天外さんが剣山でパイプセレモニーをやったら」と、口羽和尚にそそのかされ、その気になってツアーを企画したのだ。

ホピ族の長老が何故剣山に来ようとしていたのか、謎が解けるかもしれない、というほのかな期待もあった。

ナゾの山、剣山

剣山というのは、多くの謎に包まれた山だ。

紀元前722年に、北イスラエル王国がアッシリアに滅ぼされた時、ユダヤの10支族が行方不明になっている。そのうち1支族が、南イスラエル王国のイザヤ(旧約聖書に出てくる預言者)が率いる一党と合流し、海を渡って日本に到来し、剣山に住み着いたという噂がある(イザナギ、イザナミはイザヤとその妻だったのではないかという極端な説まである)。

さらには、『インディ・ジョーンズ』で有名になった「失われたアーク《聖櫃》」が、実は剣山に隠されているとか、天皇家はそのユダヤの1支族の末裔だなどという、まことしやかな噂もある。このあたりは、大杉博という人が多くの著作に書いている。

失われたユダヤの10支族のうち3支族は、中国にわたり秦の建国にかかわったが、紀元前206年に秦《しん》が亡びると一大勢力（19万人とも言われている）が日本に逃れてきたという説もある。当時の日本の人口は600万人程度だったから、これが本当だとしたら馬鹿にならない数字だ。

いずれも正統的な歴史学で認められている話ではないようだが、稲作や機織りは秦から伝来したこと、平安京の建設には中国（秦）からの帰化人が貢献したこと、イスラエル大使が剣山に登ったこと、剣山山頂付近の土地をユダヤ系の複数の銀行が買い占めていること、などは事実のようだ。

ユーチューブで「ユダヤの10支族、失われたアーク、剣山、祇園祭」などを検索すると、関連する情報が多く見つかる。単なる浮いた噂話ではなく、状況証拠が豊富のようだ。謎はいくらでもあるのだが、どちらかというとユダヤと日本の起源に関するものばかりであり、アメリカ・インディアンのホピ族との関連は出てこない。ホピの長老がはるか離れた日本の剣山までわざわざ来て、祈りの儀式をやるような理由は見当たらない。謎の山に、さらなる謎が重なっている。

これは私の勝手な推測だが、その理由はひょっとすると有名な「ホピの予言」に関連しているかもしれない。

予言を記した石板は、いまのホピ族は3枚保有しているが、はるか昔（数万年前？）に残りの2枚を持った一族と離ればなれになったといわれている。その一族と再び出会い、5枚の石板が揃うと、世界の浄化が始まるという。その一族はチベット族、あるいは日本人かもしれないといわれているが、2板の石板はまだ見つかっていない。「失われたアーク」の伝説と、残りの2枚の石板が重なって解釈されたのではなかろうか。

山頂での強烈なパイプセレモニー

剣山（1955メートル）の登山道は五合目付近から始まる。そこまでは車で行ける。

そこから約10名は途中までリフトで上がり、私も含めて残りは螺雲和尚の指導の下、「六根清浄《ろっこんしょうじょう》」を唱えながら山岳修行のまねごとをしながら歩いて上った。

剣山山頂でのパイプセレモニー。中央が天外、左に早川さん、螺雲和尚、右に佐弓さん、口羽和尚。

リフト終点で合流し、80歳代の女性を含めて全員が首尾よく頂上に到達した。

頂上の祠で、お経をあげたのちに、傾斜のあるわずかなスペースを見つけてパイプセレモニーを実行した。

終わった時、「ああ、ひょっとするとこれが俺にとって最後のパイプセレモニーになるのかもしれないな……」と思った（実際にはそうはならなかった）。

それほどすごい祈りの儀式になったのだ。

私の両側に山伏姿の口羽和尚と螺雲和尚が座ったせいか、剣山のエネルギーのせいか、私の口をついて出てくる言葉が、いつもよりはるかに厳かで力に満ちており、唱えている本人がそのエネルギーに圧倒される感じだった。神がかりといってもよいだろう。

期待したホピ族に関する情報は一切降りてこなかった。

アイヌの歴史がよみがえる

その代わりに、2年前に岐阜県の洞戸の山の中で行ったヴィジョン・クエスト（インディアンの社会で15歳の男の子がやる通過儀礼、寝袋1枚を持って山の中で3日間断食をする）をサポートしてくれた神道の宮司さんの言葉が頭の中で響いた（63ページ参照）。

「はるか昔、この日本列島は至る所にアイヌが住み着いていた。大和民族（和人）はそれと戦って北海道まで追い上げていったのだ。

神戸、水戸、八戸など〝戸〟がつく地名は、虐殺されたアイヌの怨念が封印されている場所だよ。この洞戸もそのひとつだ」

そういえば、坂上田村麻呂から徳川慶喜に至る侍の長は「征夷大将軍」と呼ばれている。「夷」とはアイヌのことだ。蝦夷《えみし》ともいう。

夷という字から、アイヌが弓矢に優れ、戦いに強かったことが読み取れる。おそらく狩猟民族のため、弓矢の技が鍛えられていたのだろう。

わざわざ「征夷大将軍」という呼び名を設けたことは、大和民族が総力を挙げてアイヌ民族と戦ってきたことを物語っている。その結果、アイヌを大勢虐殺し、怨念を封印した場所が日本中至る処に残ってしまった。

歴史は、常に戦争や政争に勝ったサイドが、自分の都合の良いように書き換える。いま我々の間に伝わっている日本の歴史は、あくまでも大和民族の歴史だ。

日本中にアイヌが住んでいたこと、それと戦って北海道まで追い上げていったことは、ほとんど知られていない。ましてや、多くの虐殺があり、その怨念が至る処で封印されているなどといわれても青天の霹靂だ。

たしかに、「戸《へ》」という言葉は、古代から何らかの呪術の実行を示唆している（古事記にもその記述がある）。地名に「戸」という言葉がついていること自体、深い意味が込められていると疑うべきだろう。

おどろおどろしい施餓鬼供養

パイプセレモニーが終わった後、みんなの昼飯の残飯をかき集め、口羽和尚による施《せ》餓鬼《がき》供養が始まった。

私のお寺（臨済宗）でも毎夏施餓鬼供養が行われる。しかしながらそれは、どちらかと

四国の形をした青空。施餓鬼供養が終わってから撮ったので形がだいぶくずれている。

いうとご先祖供養であり、儀礼的な感じがしていた。口羽和尚の施餓鬼供養は、それとはまったく違い、真昼間であるにもかかわらず〝おどろおどろしい雰囲気〟になった。

始まるとすぐに、私は息苦しくなり、咳が出てきた。あたり一面邪気に覆われたような感じになった。

山頂でやっていたので、下界の見晴らしはよいのだが、谷間から不気味な黒雲がすごい勢いで駆け上がってきた。

私は、その場から逃げ出し

たくなった。でも、主催者であり、中心人物であり、逃げるわけにはいかない。じっと我慢するより他はなかった。

しかしながら、しばらくすると、すーっと空気が軽くなった。逆に、何となく、ウキウキ、ワクワク、楽しい雰囲気になっていった。

そのとき、一人が「あーっ」と叫んで空を指さした。見ると、雲の間に青空がぽっかり空いているのだが、それが地図で見る四国の形そっくりになっているのだ。

よくはわからぬが、この施餓鬼供養がただならぬ儀式になったぞ、重い意味が込められているぞ、というメッセージのような気がした。

天外、啓示を受ける

そのとき、とても有り得ない想いが私の脳裏に浮かんだ。

「そんな馬鹿な！」
私は必死になって、その想いを打ち消そうとしていた。

日本中にある、
虐殺されたアイヌの怨念を封印した場所を訪れ、
口羽和尚と一緒に
それを供養して回る旅を主催する――

私自身は、生まれてきた使命などは考えたこともない。世の中を良くしようとも思ってもいない。どちらかというと、あまりまじめには生きておらず、面白おかしく、楽しんで、ふざけて生きて、そのまま死んで行ければ最高という感じだ。

とくに２００６年に、42年間勤務したソニーから引退した時に、これからは楽しいと思うことだけをやって生きていこう、どうせ人生はジョークだ、と思った。

引退してすぐに、本名の「土井利忠」の生前葬を一同爆笑の中で執り行い、ジョークの人生に拍車をかけた。

虐殺された怨念の解放、などという、おどろおどろしいワークを私が主催するなどということは、ジョークに生きている私に似つかわしくない。

いままで「あの世」に関して多くの著作を書いてきたが、時間や空間が畳み込まれた「あの世」を、量子力学や深層心理学から読み解き、霊がうようよいる「霊界」とは全く違う概念として世の中に示してきた（『ここまで来た「あの世」の科学』祥伝社）。

そして、つとめて「霊」という概念を使わずにすべてを説明するように心を砕いてきた。たとえ「あの世」のことを語るとしても、科学技術を身に着けた理科系人間の矜持を保とうとしていたのだ。

「俺がそんなことをやるなんて、ありえないぞーっ！」

私は、天に向かって、心の中で叫んでいた。

宇宙が仕組んだ物語り

剣山からの下山は、みんなの足取りが軽かった。

ただ一人私だけが、話しかけられても上の空だったかもしれない。頭の中には走馬灯のようにぐるぐると色々な思いが巡っていた。

1997年8月、東京国際フォーラムで行われたフナイ・オープン・ワールドで、インディアンの長老、トム・ダストウに出会ったこと――。(68ページ参照)

彼がその昔、北海道に来た時、日本山妙法寺の僧侶が供養の祈りをして、木の鎧をつけたアイヌの霊が何百となく空に上がっていくのを見たと話していたこと――。(64ページ、80ページ参照)

そのフナイ・オープン・ワールドで、トム・ダストウを訪ねてきたアイヌの女性長老アシリ・レラさんを、ちょうど講演のために来ていた全米(アメリカ、カナダ)インディアンの頂点に立つ大長老、ウイリアム・コマンダの楽屋に案内したこと――。(71ページ参照)

トム・ダストウ経由で知り合った別の長老から、2000年にサンダンス会場で「聖なるパイプ」を授けられたこと――。(7章参照)

それから行ってきた数々のパイプセレモニー――。

なぜか、すべての出来事がつながっており、宇宙が仕組んだ一つの大きな物語をなしているような気がしてきた。

「これは、逃れられないぞ……」

アイヌの御霊を供養する旅

帰りは時間がないので、全員がリフトで降りることになった。一行はそのまま、ユダヤの1支族が最初に到着したといわれている淡路島に向かうことになっていた。

螺雲和尚だけは、ここでお別れだ。一行を代表して、螺雲和尚に感謝の言葉を述べているとき、私の脳裏に不思議なビジョンが浮かんだ。

挨拶の言葉を紡がなければいけないので、ビジョンの深追いはできなかったのだが、私がパイプセレモニーでアイヌの御霊の供養をしている様子だった。

封印が解け、御霊が解放されたとき、強烈な「喜び」が私の身体を貫くのが感じられた。

「そうか、これは喜びに通じる活動なんだ！」

私だけでなく、参加者全員の喜びにつながるかもしれない。それまでは、重苦しく、おどろおどろしく感じていた封印の解放という活動が、にわかに色鮮やかな印象に変容した。

このあと、実際の供養のワーク(1章、10章)では、御霊が解放されたこともわからず、喜びも湧いてこなかったので、このビジョンは単なる錯覚だったのだが、私を「日本列島祈りの旅」の実行を決断させるには十分だった。

以前、口羽和尚のお師匠さんの中村公隆《こうりゅう》和尚を神戸市北区の鏑射寺《かぶらいじ》に訪ねた時、阪神高速道路の事故が多い場所で地縛霊の供養を行ったところ、それ以降事故が起きなくなったという話を中村和尚から聞いたことがある。

日本中に封印された怨念が残っているというのは、何らかの影響を日本全体に及ぼしているかもしれない。死者たちも、怨念などにとらわれずに光の国に帰りたいだろう。もし、祈りの力で封印が解ければ、いいことずくめではないか。

私自身も、おぼつかないパイプセレモニーを行うが、口羽和尚やアシリ・レラさんといった祈りのプロが一緒だから、おそらくうまくいくだろう。

2　剣山でのパイプセレモニー

東京に帰ってから、私は「日本列島祈りの旅」を実行することを宣言した。なぜだかわからぬが、開始を2年後の２０１６年5月に定めた。

3

2012年

洞戸でのヴィジョン・クエスト

誰も知らない日本史の裏側

最近私は、自分でも説明できない行動に走ることが多い。後から振り返ると、その行動には意味があり、宇宙の流れに沿っていることがわかるのだが、「やろう」と決心した時には、何故そう思ったのか自分でもわからない。

42年間のソニーでの勤務は、主として技術開発に従事した。工学博士でもあるし、比較的理知的な人間だったのだが、いつの間にか、思い付きで、とんでもないことをふらふらと実行する、直感型の人間に変容した。幸いなことに、人生そのものは理知的に行動していた時より、はるかに豊かになってきた。

こういう生き方に変容したのは、明らかにインディアンの影響だ。「インディアン・スタイル」という言葉がある。6章で詳しく語ろう。

本章でご紹介するヴィジョン・クエストは、剣山における啓示よりもさらに2年前の出来事だが、まさにとんでもない思い付きで始まった。

2011年、パイプの祈りを再開する

私は「天外塾」という経営塾を主宰している。

ちょうど、3・11の東日本大震災の直後から始まった2011年4〜9月の天外塾に、岐阜の船戸クリニックの船戸崇史院長と、奥様の博子副院長が受講されていた。お二人とも、私が進めている「ホロトロピック・ムーブメント」という医療改革の仲間だ。

3・11からしばらくして、カナダのインディアン仲間から連絡が来た。全米のインディアンたちの尊敬を一身に集めているウイリアム・コマンダ大長老の病状がよくない。

彼は3・11の後、津波の被害者や原発事故で避難を余儀なくされた人たちのために、苦しい病状の中で、毎日のようにパイプセレモニーをして、祈っている。お前もパイプを持っているのだから、大長老の回復のために祈ってくれ、というのだ。

「ああっ!」と私は思った。

世界のどこかで戦争や災害があると、インディアンの長老たちは必ずパイプの祈りをささげる。

3・11の後、日本の被害者のために祈ってくれた長老はウイリアム・コマンダだけではなく、きわめて大勢いただろう。

にもかかわらず、地元の俺は何もやっていなかった。恥ずかしい。長老失格だ。

私は、もう何年もほこりをかぶっていた「聖なるパイプ」を引っ張りだして、ウイリアム・コマンダ大長老に対する感謝の祈りをささげた(回復を祈ったのではない)。

何回かやっているうちに、大長老の魂は、すでに母なる大地と一体になっているのが感じられた。

2004年、インディアンの大集会でスピーチする

この7年前の2004年8月、私はウイリアム・コマンダ大長老の招きに応じて、カナダのケベック州マニワキで開かれた「サークル・オブ・ネイションズCircle of Nations」という祈りの集会に、25人の日本部族を率いて参加した。

インディアンが「Nations」というとき、多くはアパッチとかラコタとかの部族を意味するが、この集会は世界中のあらゆる肌の色のあらゆる民族が、お互いに尊敬と愛にあふれ平和に暮らせるようにという趣旨で、1960年代から毎年開催されている。この年には、3000人を超えるインディアンと、そのサポーターが集まった。

「聖なるパイプ」は、ピースパイプとも呼ばれている。インディアンが「ピース」というとき、平和、平安という意味だけでなく、仏教でいう「涅槃」というニュアンスが含まれる。心の平安と社会の平和のための祈りがインディアンの祈りの基本であり、この集会はその精神を確認し、世界に広めるのが目的だ。

この時の集会には、大長老のほかに七人の長老がおり、私もその一人として、毎朝パイプセレモニーを行い、英語でスピーチをした。

私のスピーチの最中に、日本にはいない大型の鳥（アビ＝loon）が3羽、湖の岸からすぐそばで羽でバチャバチャと水を掻き、「ルルルルーッ！」と激しく鳴いた。用心深く臆病で、普段はまず人のそばには寄ってこない鳥だという。会場は拍手喝采で騒然となった。創造主が私のスピーチに反応したというのだ。このあたりの様子や、私のスピーチの内容は『五十歳からの成熟した生き方』（海竜社）に書いた。

この時の集会全体のテーマは「水」だった。インディアンは、東西南北の四つの方向を赤黒黄白の4色であらわすが、それぞれ民族の肌の色も象徴している。

赤はインディアンだが、「母なる大地」をケアする役割を創造主から与えられているという。同様に黒人は「火」、白人は「空気」、そして我々東洋人（黄）は「水」をケアするのが役割らしい。今回の集会のテーマは「水」なので、どうしてもあなた達日本人に来てほしかったのだ、と大長老にいわれていた。

ほかの長老は、あちこちの水が汚染されて大変だという話をしたが、私は50年前には汚泥のようだった東京湾がきれいになり、漁師が魚を捕って売れるようになった、という希望に満ちた話をした。

白山比咩神社を参拝する

コマンダ大長老へ感謝の祈りをささげた3か月後、２０１１年8月の最後の週末に、私は約40人の仲間と、金沢、加賀一ノ宮の白山比咩《しらやまひめ》神社への参拝を計画した。全国三千余社の白山神社の総本宮だ。

ご祭神は菊理媛尊《くくりひめのみこと》。イザナギとイザナミを結んだ神であり、「くくり」とは、人と人を括るという意味を持ち、和合の神といわれている。また、白山神社は「水」の守護神として知られている。この旅に船戸夫妻も参加してくれた。

算命学の大家、中森じゅあんさんは3・11の時、ちょうど白山比咩神社に滞在していたのだが、大震災が起きたので、その後12日にわたってそこに滞在して祈り続けたという。

3・11は「水」の災害だった。中森じゅあんさんと一緒に「水」の祈りを捧げよう、ということで、このツアーが企画された。ところが8月初旬にコマンダ大長老が亡くなり、この旅を計画した意味が後からはっきりした。

「水」に祈りを奉納することは大長老から与えられていた宿題であり、これは明らかに

白山比咩神社でのパイプセレモニー。天外と中森じゅあんさん。

大長老に対する追悼の旅になる。水は動物や植物の生命の源だが、ときには洪水をもたらす。インディアンは、水にも生命が宿っていると考えており、感謝の祈りを欠かさない。ましてや日本人は、それをおろそかにしてはいけない。

パイプセレモニーが終わるころ、中森じゅあんさんに菊理媛尊のメッセージが下りてきた。

主として、私たちの祈りに対する返礼だったが、私たちの中に様々な肌の色の様々な人種のエネルギーを感じる、というくだりは、ウイリアム・コマンダ大長老のメッセージのようにも感じられた。

このパイプセレモニーの最中、何故かわからぬが、私は、船戸崇史さんの故郷、岐阜県の洞戸でヴィジョン・クエストをやる、という想いに取りつかれていた。

大長老とも、「水」とも、白山神社とも何の関係もない、脈絡のない想いが浮かんで、頭から離れないのだ。まだこのときは、自分でもあまりにも突飛な発想だと思ったので、船戸夫妻にはこの思いは伝えなかった。

大人になるための通過儀礼

ヴィジョン・クエストというのは、いまではごく少数の伝統派のインディアンしかやらなくなっているが、15歳の少年が大人になるための通過儀礼であり、ほとんどの部族で昔は実行されていた(29ページ参照)。

深い山の中で、寝袋1枚だけ持って3日間断食をする。テントは許されないが、傘は持っていける。雨が降ると、寝袋も広げられず、一晩中傘の下でうずくまっていなければならない。猛獣や邪悪な霊が入ってこないように、結界を張る。ほとんどの部族では石を使った結界だが、プレイヤーズタイ(タバコの葉を小さなテルテル坊主のようにして数珠つなぎにした紐)を用いる部族もある。

何者も結界には入れないが、入ってきたなら、それは創造主のお使いだという。だから、もしガラガラヘビが入ってきたら噛まれて死ね、と脅される。

本人も、用便の時以外は結界から出てはいけない。結界の出入りは念入りな儀式が定められている。3日間、山の中で過ごし、創造主や先祖の霊と対話をする、というのがヴィジョン・クエストの趣旨だ。

大勢でやるときには、互いに見えない距離をとるのが原則。

実行する人とは別に、長老がふもとに控え、祈りをささげている。これは、とても大切なことで、長老は何もしないのだが、離れた場所でサポートしている、という構図は欠かせない。

私はいま、天外塾で「存在のマネジメント」ということを経営者たちに説いているが、このヴィジョン・クエストの時の長老の役割がベースにある。

ヴィジョン・クエストを企画する

白山比咩神社を訪れた翌月、9月の天外塾で、私は船戸夫妻に洞戸でヴィジョン・クエストをやりたい、と告げた。

時期は次の年、2012年の5月3～5日。参加する六人の名前も告げた。その中には船戸崇史院長の名前もあった。当然のことながら、二人ともひっくり返るほど驚いた。

じつは崇史さんは、数年前にアメリカのコロラド州で、ラコタ族の女性長老、マリリン・ヤングバードの指導の下にヴィジョン・クエストを体験しておられる。そのときは10年ぶりの大嵐で、崇史さんの結界の中に大木がバリバリと倒れてくるという、死ぬかと思うほどの大変な経験をされている。

マリリン・ヤングバードというのは、おそらく日本で一番知られているインディアンの長老だろう。このころは、船戸クリニック主催で毎年、彼女のスウェットロッジ（154ページ参照）が開催されていた。私とカウンセラーの衛藤信之さんとの共著『イーグルに訊け』（飛鳥新社）には、彼女の祈りのバックで私がケーナを吹いているCDが付属している。

船戸崇史さんと私は、共に野口法蔵《ほうぞう》を師匠にいただく断食の指導者でもある。当日ふもとで断食会を催していただきたいと崇史さんにお願いした。長老の私が山に上がるので、通常のヴィジョン・クエストで長老がやる役目のかわりに、断食参加者全員がヴィジョン・クエスト実行者のサポート役になってほしい。

でも、困ったな、と私はいった。崇史さんも山に上がるのだから断食の指導者がいなくなるね、と。

「いえ、いいえ」

それまで硬い顔をしていた崇史さんは、ほっとしたような笑顔になった。

「私がふもとでサポート役をやりますよ」

よく聞くと、前回のヴィジョン・クエストで懲りており、もう一生の間二度とやらないと決心している、というのだ。

結論からいうと、ほかにも強硬に抵抗をしていた人もいたのだが、私が最初に決めた六人は、崇史さんも含めて全員がヴィジョン・クエストに参加した。私が決めた、というよりは天が決めたのだと思っている。

洞戸を下見し、結界を準備する

洞戸というのは、船戸崇史院長が生まれ育った場所、生家がまだそのまま残っている。船戸クリニックがある養老からは、車で30分以上と離れているのだが、ここにクリニック所属のグループホームがある。また、生家のすぐ上には豪華な茶室が建っていた。いまは、「リボーン洞戸」と名付けられたリトリートの建物もある。そこから歩いて5分もかからないところに、崇史さんがいつも断食合宿で使う禅道場があり、その先はうっそうと緑が茂る山になる。

この年、2011年の12月10日、私たちは洞戸を訪れた。翌日に名古屋で私の講演会があり、この日は博子副院長によりお茶会（夜話）が催されたのだ。野口法蔵師も一緒だった。

ついでにヴィジョン・クエストの下見をやることになった。ヴィジョン・クエストをやると聞いて、崇史さんと懇意の宮司さんがサポートをしてくれるという。ありがたい話だ。

グループホームのすぐ隣に、ストーンサークルがあった。一歩そこに足を踏み入れた私は、強烈な「気」を感じて立ちすくんだ。イギリスの巨大なストーンサークルにも負けないくらい「気」が整っている。聞くと、その宮司さんが作ったという。日本にも石のエネルギーを自在に操れる人がいるのだ。

ヴィジョン・クエストの最初と最後は、このストーンサークルでパイプセレモニーをすることを決めた。

それから、みんなで山に入った。蛭《ひる》がたくさんいる。マムシもいるという。

結界は厳重に張らなくてはいけないな……。

私は「結界を破って入ってくるガラガラヘビは、創造主のお使いなので噛まれて死ね」という長老の言葉を噛み締めていた。

この下見で、崇史さんもヴィジョン・クエストに参加する決心を固めてくれた。

もうひとり、リフレクソロジーと名付けた足裏マッサージを展開して年商100億円のビジネスに育て上げた女性経営者、藤田桂子さんも、ヴィジョン・クエストは絶対に嫌だと主張していた。お茶会に参加したので仕方なく下見に付き合ったのだが、気持ちを翻して、ヴィジョン・クエストに参加する決心をしてくれた。

六人でヴィジョン・クエストを行う、だいたいの場所が決まった。

私の頭は、結界のことでいっぱいだった。マムシがうようよいる中で、できることなら事故は起きてほしくない。

六人が結界を張るとなると、合計108個の石が必要になる。当日の朝拾っている暇はないので、用意しておいてもらえないだろうか、と崇史さんにお願いした。そうしたら、宮司さんが、自分が石を選んでお清めをしておきますよ、といってくれた。

翌日の名古屋での講演のため、岐阜駅近くに宿がとってあった。洞戸を出るときには、もうとっぷりと日が暮れていた。

「あっ！」

誰かが月を指さした。

この日は満月のはずだったが、その月が欠け始めていたのだ。

「そういえば、今夜は皆既月食だ！」

それから宿につくまで、たびたび車を止めて、壮大なる宇宙のショーを観賞した。風が肌を刺すように冷たく、あまり長時間車の外にはいられなかった。

意識の変容の準備熱

翌2012年、ヴィジョン・クエスト開始の3日前、私は39度の高熱が出た。一瞬、実行できないのかと思ったのだが約一日で熱は下がった。

これは、私が「準備熱」と呼んでいる現象だ。人は大きな意識の変容を生じるワークショップを受ける直前に、高熱が出ることがある。おそらく、身体が意識の変容をしっかりと予測し、ひずみを取って準備するために発熱するように思う。病気の発熱と違ってすぐに下がるのが特徴だ。

私が20年来推進している医療改革（ホロトロピック・ムーブメント）では、医療者が患者の「意識の変容」を密かにサポートする。これは医療者にとっては未知の世界。また、自らの変容にも取り組む必要がある。そのトレーニングのために、ハワイで引退生活を送っていた伝説のセラピスト、吉福伸逸《よしふくしんいち》さん（2013年逝去）にお願いして、毎年2回ワークショップを開いていただいていた。その時、直前に短期間高熱が出た人は、間違いなく際立って大きな変容を遂げることを何度も観察した。

したがって、この時自分が高熱を出しても「準備熱」であることはすぐにわかった。だが、ベテランを自任する私が、たかがヴィジョン・クエストごときで「準備熱」が出たことには、ちょっと引っかかった。

後から振り返ると、たしかに「準備熱」を必要とするほどの衝撃的なヴィジョン・クエストになった。

強力な結界を張る

同年5月3日、私たちは再び洞戸に集まった。船戸崇史さんに代わって断食を指導してくれる人も見つかり、断食参加者も大勢集まった。

宮司さんが用意してくれた108個の石を見て驚いた。普通インディアンが結界に使う石は、せいぜい握りこぶし大だ。私は石の大きさまでは指定しなかったのだが、用意された石は、漬物石の大きさだった。しかも108個。

いったいこれをどうやって山の上まで運ぶのだ！

幸いにも断食参加者が大勢いたので、手分けして108個の石を山の上まで、何とか担ぎ上げることができた。

山の上には、巨大な磐座《いわくら》があり、それがご神体になる。その前にこの地で育った船戸崇史さんが座り、神と対峙する構成とした。

山の中腹に、「300年杉」と呼ばれる巨大な杉が立っている。遠くから山を眺めた時にも、森の中に一本だけ際立ってそびえている杉だ。その前に天外が座り、六人全体の中心になる。

その両翼に女性二人が座り、それぞれ「母なる大地」と「植物界」と対峙する。下の左右は男性が二人座り、それぞれ「動物界」「人間界」と対峙する、という構成のつもりだった。もちろん一人ひとりは、数百メートルは離れて座る。

ただ、斜面がきつい山なので、なかなか結界を張れるほどの開けた地面がない。

当初は「植物界」の予定だった藤田桂子さんが「動物界」の位置に入れ替わってしまった。しかしながら、結果的には藤田桂子さんと、「人間界」に対峙した男性、内田勝康さんの二人は修験道で得度しており、その二つのちょっと重いお役目にはぴったりの配置になった。一人ひとりも結界を張るが、この六人の配置は、グループ全体として一つの結界を構成している。「人間界」に対峙する位置は、遠くに街の明かりが見えるので、まさにその場所、という感じだったが、「動物界」というのは私が勝手に定義しただけだ。

ところが、藤田桂子さんのところだけ、蛇やイノシシが出現した。蛇は、２メートル以上はあったというのでマムシではなく青大将だろう。結界の中には入ってこずに、結界の境界に沿って、にょろにょろと這っていったという。イノシシはすぐそばをドドと駆け抜けていった。

人間が近づくと蛭が血の匂いを嗅いで鎌首を持ち上げている。蚊も虫もたくさん飛ん

洞戸の森でこれからヴィジョン・クエストに入る6人。左から、藤田さん、船戸さん、天外、今村さん、内田さん、加藤さん。後ろの幹が300年杉。

でいる。リスが走り回っている。結界でどれほど防げるか、気がかりだ。

結界は、インディアンの様式と神道や修験道の様式をミックスした。結界の一番上に祭壇を作り、磐座に対峙する。そこに粗塩、米、水、酒を供える。その前で瞑想をする。後は結界の境界に時計回りに石を並べつつ、粗塩を供え、線香を炊いて祈る。祭壇の反対方向に出入口を作る。祈りは、インディアンの祈りではなく、「般若心経」を使った。

結界を張り終えてから、そのあまりの強力な効果に驚いた。それ以前は、私も蛭に噛まれて足が血だらけになっていたのだが、結界が張られると、蛭はおろか、蚊の一匹も入ってこないのだ。これは3日間続いた。

それまでも何回かは結界を張ったことはあったが、これほどに強力なのは初めてだった。おそらく、宮司さんが選んでお清めしてくれた大きな石が特別な力を発揮したのだろう。

ご神体と対話する

天気予報では低気圧が接近しており、3日間ひどい天気の中でのヴィジョン・クエストを覚悟していたのだが、どうしたわけか雨は降らず、夜はこうこうたる月の光の中で、神聖で幻想的な時間を過ごすことができた。いまでも目を閉じると、夜の森に自分が溶け込んでいくような、シーンと静まって神々しい、あの時の感覚がよみがえる。

私は、たまたま「300年杉」の下で結界を張ったので、瞑想の合間には習い覚えた樹林気功をやり続けた。その中に、腰を落として、ちょうど平泳ぎをするように手を水平に動かす気功がある。それまでは、その動作が何を意味するのか、全く分かっていなかった。

ところが、この時は全く違う感覚になった。手のエネルギーフィールドが広がって、しかも樹木のエネルギーフィールドに鋭敏になったのだろう。ちょうど樹木を輪切りにするように手を動かすのだが、はっきりと樹木を切っている感覚が伝わってくるのだ。ちょうど寒天を切るように、プルプルと抵抗感がある。これが樹林気功の極意だろう。

2日目の昼ころから、何となく杉の木と対話が始まったような感覚になってきた。

最初に、この場所で六人でヴィジョン・クエストをやらせていただくお礼を、私がしきりに述べ続けた。それは、ただ、お礼のお祈りをしている感じだった。

ところが、しばらくそれを続けていると、杉の木からもほのかなエネルギーが返ってくるのが感じられた。

それは、「歓迎しているよ」「とても嬉しいよ」という感じの波動だった。

しばらくそれを繰り返したのちに、

「300年杉と呼ばれているけど、いったい何歳なの？」

と聞いてみた。

すると、だいたい480歳、という答えが返ってきた。

それから、「時間」に関しての少し哲学的な会話になった。樹木は、確かに年輪を刻むのだが、どうやら時間に対する感覚が人間とは違うらしい。

この対話は、必ずしも言語化されていないので、記述はできないのだが、宇宙の秘密を一つ垣間見た感じだった。


ヴィジョン・クエストが終わった時、「俺は樹木と対話できるようになったんだ」と思った。ところが、それは錯覚だった。私が所属する横浜のテニスクラブには、巨大な杉が何本か立っているが、その前で瞑想をしても何も起こらなかった。あれは、朝から晩まで自然の中で瞑想をしているヴィジョン・クエスト特有の神秘体験だったようだ。

船戸崇史院長は、ご神体である磐座と対話しておられた。

「この洞戸に生まれた私の人生の使命は、いったい何でしょう」

という質問に対して、

「お前が洞戸に生まれたのではない。お前が洞戸そのものなのだ」

という、哲学的に深い意味を持つ答えをもらったという。

結論からいうと、この時のヴィジョン・クエストで、参加した六人の人生は大きく展開した。藤田桂子さんは、猛烈経営者から足を洗い、ビジネスをすべて手放した。いまは、一個人としてスピリチュアルな道の探求に励んでおられる。

アイヌの怨念の封印を解く

3日目の朝、それぞれが結界を解く儀式を行い、「300年杉」に集まってお礼の祈りをささげ、近所の神社に参拝し、断食に合流して明けの食事をいただいた。

参加者からは、「私たちは何で結界を張ったんだろう。自然と一体になりに来たのに、わざわざ自然を遮断してしまった……」という感想が口々に漏れた。

私は、「あれほどマムシを怖がっていたくせに……」と、心の中で苦笑したが、この感想は、ヴィジョン・クエストがとてもうまくいったという証拠だ。

ストーンサークルでのパイプセレモニーで、ヴィジョン・クエストの全日程は終了。サポートいただいた宮司さんにお礼を申し上げると、逆にお礼をいわれてしまった。

「あなたたちが、3日間ヴィジョン・クエストをやってくれたお陰で山の邪気が払われ、とてもいい状態になりました」というのだ。

ここで、2章で触れた問題発言が飛び出した（30ページ参照）。

「はるか昔、この日本列島は至る所にアイヌが住み着いていた。大和民族（和人）はそれと戦って北海道まで追い上げていったのだ。神戸、水戸、八戸など〝戸〟がつく地名は、虐殺されたアイヌの怨念が封印されている場所だよ。この洞戸もそのひとつだ。あなたたちの祈りで、この場所の封印はかなり解けてきた」

私たちは、そんなつもりでヴィジョン・クエストをやったわけではないので、一同はあっけにとられて、きょとんとして聞いていた。

「日本の建築には、東北を鬼門と称して結界を張る様式があるが、あれは東北からのアイヌの怨念を封じるためなのだ。徳川家康は、日光東照宮を建設して自ら神となったが、東北からの怨念が江戸に入らないように守ろうとしたのだ。

いま、その怨念が日本中で解放されつつある。もういまでは、東北の鬼門に結界を張る必要がなくなってきている。日本古来の伝統も変わらざるを得ないご時世になってきた」

そういえば、東北には八戸という地名があったな、と私は思った。学生時代に旅行していた時に車が八戸で故障して往生したことがある。実際には、岩手県と青森県に一戸《いちのへ》から九戸《くのへ》まである（四戸はかつてあった地名）。

私は、背筋が寒くなってきた。表では語られていない、裏の歴史があり、目に見えない動きがあるようだ。

突拍子もない話なのだが、あのストーンサークルを作り、結界に使う強力な石を選んでくれた宮司さんの言葉なので、とても重みがある。

「戸」がつく地名は日本中にあふれている。

それほどにアイヌの怨念がすごかったのか。なぜ、供養して御霊を上げないで封印したのだろう。誰が封印の方法を教えたのだろう。

封印が解け始めているのはどうしてだろう……。

私は、その時、15年前の１９９７年に、フナイ・オープン・ワールドのために来日したアメリカ・インディアンの長老トム・ダストウが、昔、北海道に来た時、わけもわからずに日本山妙法寺の僧侶たちの法要に出たら、地面から木の鎧をつけたアイヌの兵士の霊が何百となく湧き上がって天に昇って行くのを見たと話していたのを思い出した。

そのころから、封印された怨念を解く、という活動をしていた人たちが、どうやらいたようだ、と納得した。

帰りの新幹線の中で、「月がやけに大きいね」という声。

スマホで調べると、この夜は「スーパームーン」だという。スーパームーンというのは、西洋占星術のことばであり、月の公転軌道が最も地球に接近したときと、満月が重なることをいう。月の直径が14パーセントほど大きく見える、とのことだが、明るさも引力も30パーセント増しているはずだ。

下見に行った12月10日は皆既月食、この日はスーパームーン。

私にとって、生涯たった2度しか訪れていない岐阜の洞戸で、両方とも数年に一度という珍しい現象。とても「偶然」とは思えない。

人がどう思うかは知らぬが、私としては、このヴィジョン・クエストが、「宇宙全体の営みの中で特別な意味を持っていた」と解釈せざるを得ないと、この時思った。

それが「日本列島祈りの旅」へとつながったのだ。

4

1997年

先住民の叡智の物語
フナイ・オープン・ワールドでの出会い

76年も生きて来て、人生を振り返ると、明らかに大きな変節点がいくつか浮かび上がってくる。

1997年8月に東京国際フォーラムで開かれた「第4回フナイ・オープン・ワールド」は、私にとっては、人生が大きく展開するきっかけのひとつになった。

船井総研の創業者、船井幸雄さん（2014年逝去）とは親しかったので、「フナイ・オープン・ワールド」には、第1回から講演者として参加していた。だんだん規模が大きくなり、この年には3000人が入る会場二つと1000人規模の会場もいくつか使っていた。

ミシェル・オダンとの出会い

私は、遺伝子の研究で有名な村上和雄博士と、世界で初めて「臨死体験」を世に問うた、アメリカの医師、レイモンド・ムーディー博士と、対談を二つ頼まれていた。その他に、村上和雄博士と水中出産を世界に広めたフランスの産婦人科医、ミシェル・オダン博士との対談もあった。私も含めて四人の博士が三つの対談をこなす、という趣向だった。

これは全くの余談だが、私は対談をしなかったミシェル・オダン博士に最も大きな影響を受けた。彼が講演中に「もし、世界中の母親が自然分娩をし、初乳を与えて愛情深く赤ちゃんを育てることができれば、この地球上から戦争はなくなるだろう」というのを聞いて、私は何故か涙が一筋流れた。後に深層心理学を学んだ時、この言葉がまぎれもない真実だということがわかった。

翌年の1998年の秋、犬型ロボットAIBOの商品化準備のため、むちゃくちゃ忙しい中を、会社をさぼってミシェル・オダン博士と東北地方の講演旅行に出かけた。

彼は「自然分娩」を強力に推進していたのだが、「すべてを自然の流れにゆだねる」という彼のフィロソフィーは、出産だけでなく、人生全般に大切だということに、その時気づいた。大脳新皮質の活動を抑えて古い脳を活性化させるという彼が説く出産の心得は、その後の私の教育改革や経営改革の中心課題になっている。

トム・ダストウとの出会い

さて、話を戻そう。レイモンド・ムーディー博士とは初対面だったので、フナイ・オープン・ワールド開催前日に、ホテルで食事を共にして、打ち合わせをすることになった。そこに、やはり講演者として呼ばれていた、カナダ・インディアンのアニシュナベ族の長老、トム・ダストウが現れた。

レイモンド・ムーディー博士と食事を始めた時、招かれてもいないトム・ダストウが突然テーブルに座って勝手に料理を注文し始めたのには少々驚いた。もちろん本人は食事代を払わず、ご馳走様もいわない。至極当然な顔をして、たかるのだ。じつはこれがインディアン流であることは、ずっと後になって学んだ。一言でいえば、自分と他人の境界が希薄なのだ。

アメリカに行くと、日本人は目立つ。我々がレストランで食事をしていると、何人もの見知らぬインディアンがテーブルに座って、勝手に注文をして食べ始める。最初のうちは、ちょっとむっとした。逆に私が、インディアン居留区でパイプセレモニーをやると、パイプを掃除する道具とか、水を入れる容器とか、必要な小道具がいつの間にか増えている。これが必要そうだなと思うと、誰かが黙って勝手に置いていくのだ。

結局、レイモンド・ムーディー博士との打ち合わせは全くできなかった。トム・ダストウの語りに圧倒されたのだ。それまで、ほとんど西部劇の中でしか知らなかったインディアンの悲惨な現状が語られた。

ティーンエイジの自殺率は、白人の約十倍であり、大人はほとんど職がない。トム・ダストウ自身もアルコールやドラッグの中毒になり、ホームレスも経験しているという。

結局、この時にトム・ダストウと知り合ったことが、私が「聖なるパイプ」を拝領して、インディアン社会に入っていくきっかけになった。

アシリ・レラさんとの出会い

3日間のフナイ・オープン・ワールドの最終日、アイヌの女性長老アシリ・レラさんが河合茂美さんに連れられて来場し、会場の入口で偶然ばったり会った。アシリ・レラさんとは初対面だったが、河合茂美さんとは知り合いだった(6章参照)。

アシリ・レラさんは佐渡で祈りの儀式をしていたのだが、トム・ダストウが来日していることを人づてに聞いて、急遽訪ねて来たのだ。以前、北海道に彼が来た時、劇的な出会いをしていた(5章参照)。

アシリ・レラさんが会場に入った時、ちょうどトム・ダストウのお師匠さんの、ウイリアム・コマンダ大長老が講演し、アニシュナベ族に伝わる神話「七つの火」を語っていた。予言的な神話だ。

インディアンの世界で「火」というと、「時代」という意味がある。議会は必ず中心で「火」を炊き、議長は「焚火の守り手(Fire Keeper)」と呼ばれていることから、時代という意味が出てきたのだろう。この神話では、インディアンが地上に現れてから今日までの六つの時代について述べ、いま七つ目の時代に突入しているという。白人との出会いの記述は迫力がある。

その話を聞いて、アシリ・レラさんの顔色が変わった。アイヌにも同様な神話があり、「七つの星」と呼ばれている。たまたま昨夜、佐渡島で、その話を何年振りかで語ったばかりだというのだ。

太平洋を挟んで遠く離れた二つの先住民の間に、同じような神話が伝わっているというのは興味深い。

それから私は、アシリ・レラさんをウイリアム・コマンダ大長老の楽屋に案内した。そこに、トム・ダストウも来た。

インディアンもアイヌも思いは一つ

それから2時間にわたり通訳を挟んで行われたアシリ・レラさんとウイリアム・コマンダ大長老との対話は、フナイ・オープン・ワールドの表舞台で行われた、どんなセッションもかなわないほどの迫力に満ちていた。

フナイ・オープン・ワールドの楽屋。中央がウイリアム・コマンダ大長老、その右アシリ・レラさん。その後ろ天外、その右河合さん。天外から左に１人置いてトム・ダストウ、その左が伴侶の人見朴子さん。フナイ・オープン・ワールドにコマンダ大長老を呼べたのは、人見さんの尽力による。撮影時、コマンダ大長老の左手には、まだ指輪がはまっていた。

「先進国の人々が、本来の人間の生き方から外れて、エゴを追及して、経済を発展させるために血眼になったあげく、地球はとてもひどい状態になってしまった。川も海も汚染され、森は破壊され、動物の種が次々と絶滅している」

私はこの時、先住民の間では「環境」という概念が希薄なことに気づいた。自分と自然は一体であり、自分から「環境」を切り離して考えていないのだ。だから、私たちが環境破壊と呼ぶ内容を、はるかに切実に実感している。

「この現状は、地球の危機であり、母なる大地の危機であり、動物や人類の危機であり、自分自身の危機でもあるのだ。このすさまじい惨状を救うのは、かつてはさげすまれた我々先住民の叡智しかない！　インディアンもアイヌも思いは一つだ」


二人の対話は、メラメラと炎を上げて燃え上がった。

ウイリアム・コマンダ大長老が自らの生い立ちを語った。耐え難い迫害と、同化策の中で、親元から切り離されてミッション系の幼稚園に入れられたのだが、あまりのひどさに3日で逃げ帰った。

「わしは、幼稚園ドロップアウト組だよ」

若いころ(おそらく第二次世界大戦中)、末期癌で死にそうになった。長老から、

「お前の心の中に、白人に対する憎しみが見える。それが癌を作ったのだ」

といわれた。

インディアンの基本的な祈りは、創造主、母なる大地、すべての動物、すべての植物、

中央で立っているのがアシリ・レラさんとトム・ダストウその左が河合さん。下列左端がウイリアム・コマンダ 大長老、右端が天外。

すべての鉱物に感謝をする。

「白人といえども、母なる大地が生み出してくれた私たちの兄弟なのだよ。確かに彼らはインディアンにひどいことをしてきたが、その本当の意味は長い年月の後でわかるだろう。お前はどうして、彼らだけを他の動物とは区別して、感謝の対象にできないのだ」

長老の言葉に感じ入った若き日のウイリアム・コマンダは、それから毎日インディアンの伝統的な祈りを実行し、癌を克服したという。

第二次世界大戦直後は、まだ白人に対して武力闘争を試みるインディアンが大勢いた。ウイリアム・コマンダ大長老は、その一人ひとりを説得し、武力闘争をやめさせていった。何回かの暴発は防げなかったが、結果的に、これは何万人かのインディアンの命を救ったことになる。

若き日に長老から教わったインディアンの基本的なフィロソフィーを、カナダ、アメリカのすべてのインディアンに伝えてきたというのが、ウイリアム・コマンダ大長老の人生だったようだ。

語り終えて彼は、「結局、すべてに感謝していると感謝すべきことしか起きなくなるんだ」といった。

この頃（1997年）、私はまだ現役バリバリのエンジニア。彼のこの言葉に反発を覚えた。「何いってやがるんだ、この爺さん。感謝というのは、結果に対してするものだ。因果の法則というのを知らないのか……。感謝することで結果が変わるなんてありえないぞ！」

反発はしたものの、なぜかこの言葉は心に引っかかっていた。

この3年後、別の長老から「聖なるパイプ」を拝領し、私自身が長老としてパイプセレモニーを行うようになった(7章参照)。

しばらくして、この大長老の言葉がまぎれもない真実であることを確信した。世の中で、感謝の祈りほど強力な祈りはない。神社仏閣でも、「家内安全」「無病息災」「商売繁盛」などエゴの実現を祈るより、ひたすら感謝の祈りをすることをお薦めしている。

2時間のセッションが終わるころ、ウイリアム・コマンダ大長老は、やおら自分の金の指輪をアシリ・レラさんに渡し、プロポーズをした。二人ともちょっと前に伴侶を亡くしていたのだ。この時大長老は83歳、アシリ・レラさんは51歳。親子ほども年齢が違っていた。アシリ・レラさんは、

「有難うございます。このプロポーズは、来世にお受けいたしましょう」

とやんわり断ってしまった。断ったのだが、指輪は返還しなかった(笑)。

でも、たった2時間前に出会ったばかりで、言葉も通じない相手にいきなりプロポーズするというのは前代未聞。いかにこの2時間のセッションが濃厚だったかを物語っていた。

その日は快晴だったのだが、セッションが終わって建物の外に出ると、すさまじい豪雨と耳をつんざく雷鳴。

じつは、アシリ・レラさんが興奮すると必ず雷が鳴る。誰も信じないかもしれないが、何度も経験している。先住民は、天候と一体になっている人が多い。

5

1991年〜

三人の日本女性が何千人ものインディアンの命を救った物語

トム・ダストウの祈りと語り

トム、北海道でアシリ・レラさんに出会う

トム・ダストウが、日本山妙法寺の招きで初めて北海道を訪れたのは1991年。初対面のアシリ・レラさんに、いきなり、

「あんた死んじゃだめよ」

といわれて、飛び上がるほどに驚いたという。トムの目には大粒の涙があふれた。

じつはこのとき、トムはいくつかの部族と合同で、カナダ政府に対して武力闘争を仕掛ける計画を練っており、そのウオー・チーフ（戦争になった時のリーダー）に祭り上げられていたのだ。ウオー・チーフになるためには、ナイフ1本だけ持って深い山の中で100日間生き延びなければいけない。ヴィジョン・クエストよりもはるかに厳しい通過儀礼だ。トムは、それをやり遂げ、名誉あるウオー・チーフに指名された。

ダムの建設が計画され、トムたちの先祖の霊が眠る墓場が湖底に沈むという事態。ダム建設反対運動をしていたのだが、どうしても〝らち〟が明かなくなり、武力闘争へと傾いていった。

勝ち目のない戦いであることはわかっていた。何千人ものインディアンが死ぬこともわかっていた。しかしながら、このまま黙って神聖な土地を蹂躙されるより、名誉ある死を選んだのだ。

その状況を、何もいわないうちにアシリ・レラさんに見透かされてしまい、武力闘争をやめるように説得された。

アシリ・レラさんに会う前、トムが最初にアイヌから受けた接触はクレームだった。「インディアンが白人から迫害を受けたように、我々アイヌは和人(日本人)からすさまじい迫害を受けてきた。日本人は先住民の敵だ。同じ先住民のインディアンが、日本山妙法寺の日本人と一緒に活動するのはけしからん」というのだ。

トムは、日本人とアイヌの和解のためのスウェットロッジを催した。詳細は聞いていないが、おそらく、そのことが日本山妙法寺の僧侶たちによる、古戦場でのアイヌの供養の儀式につながったのだろう。

前に述べたように、その儀式でトムは木の鎧をつけた大勢のアイヌの亡霊が登っていくのを見た(トムは霊がよく見える)。

もっとも、法要の時には、トムには亡霊がアイヌだとはわからず、何のための儀式かも知らされていなかった。ただ、びっくりして亡霊が登っていくのを眺めていただけだった。

また、トムが木の鎧だと思ったのは、アシリ・レラさんにいわせると鎧ではなく、おそらく木の皮(こうぞ)を使ったアイヌ独特の服だろう、ということだった。

日本山妙法寺の安田純さんもトムを救った一人

日本山妙法寺というのは、藤井日達上人が興した日蓮宗系の宗派であり、世界中の紛争地に僧侶を送るなど、とても激しい実践活動で知られている。海外の紛争で命を落とした僧侶もいる。

上人がインドのマハトマ・ガンジーと親しかったことから、本物の仏舎利《ぶっしゃり》（お釈迦様の遺骨）を譲り受けており、世界中にパゴダ（仏舎利塔）を建てている。

そのやり方は独特だ。

まず、ここにパゴダを建てると決めると、大勢で集まって団扇《うちわ》太鼓をたたいて、朝から晩まで「南無妙法蓮華経」と称える。

そのうちに寄付が集まったり、建設の協力者が現れたりして、ひとりでにパゴダが建つ。理性で計画して、募金したりして建てるのではなく、祈ることによって仏様に建てていただくという感じだ。

第二次世界大戦が終わった時、藤井日達上人はアメリカ人の精神性のレベルに疑問を抱いたらしい。そして、高い精神性を持ったインディアンが大変な迫害を受けているのを見て、

団扇太鼓をたたく安田純さん。（2002年、日本でのピースウォークにて）

それをサポートする活動を始めた。

インディアンの長老たちが社会的に復活し、アメリカ全体の精神性が上がることを期待したと聞いている。

1970年代のカウンターカルチャーのころ、アメリカの若者たちはインドやチベットに精神的な指導者を追い求めた挙句、すぐ身近のインディアンの長老がインドの聖者にも劣らない精神性を身に着けているのを発見し、大勢弟子入りをした。

藤井日達上人は、それよりはるか前にインディアンの精神性の高さを見抜いていたことになる。

ボストン近郊に、「安田純さん」あるいは「庵主《あんじゅ》さん」と呼ばれる日本山妙法寺の尼さんが住んでいる。昔は札幌でストリッパーをやっていたという女性だ。

彼女は、インディアン社会ではよく知られており、まるで神様のように尊敬され、慕われている。インディアンのサポートのために身を挺しており、そのために何度も刑務所に入っている。

純さんも、アシリ・レラさんと共に、トムに武力闘争をやめるように説得した三人の日本女性の一人だ。もう一人は、トムと結婚した人見朴子さん（72ページの写真参照）で、9章で紹介したいと思う。

純さんは、トムたちインディアンのダム建設反対運動のため、ボストンからカナダまで厳寒の中での1か月間、ピースウォーク（平和のための行進）を実行してくれたという。

ダム建設賛成派も黙ってはおらず、途中で白人が銃を持って押し寄せてきて、トムや日本山妙法寺の僧侶たちが教会に逃げ込むなど、緊迫した場面もあったのだが、最終的にトムは武力闘争を放棄した。

1994年、アメリカ大陸横断祈りの旅

1994年、トム・ダストウはAIM(American Indian Movement)というインディアン復活運動の指導者、オジブエ族のデニス・バンクス(2017年10月逝去)をリーダーに担ぎ出して、100人ほどのインディアンで、西海岸から東海岸まで4か月かけて歩く、ピースウォークを主催した。

途中、白人とインディアンが戦った古戦場では入念に祈りをささげ、浮かばれない霊を供養した。純さん、アシリ・レラさん、日本山妙法寺の僧侶たちから学んだことを実行に移したのだ。

参加したインディアンたちは、ほとんどがデニス・バンクスの呼びかけに応じて、訳もわからずに馳せ参じただけで、毎日厳しいピースウォークを続ける意義は十分には理

解していなかった。使命に燃えて実質的な指揮を執るトム・ダストウとは頻繁にぶつかり、たびたび行進が止まった。

ウイリアム・コマンダ大長老は、高齢のため行進には参加しなかったのだが、ピースウォークの継続が危ぶまれる危機が訪れるたびに飛行機で駆け付けた。

彼のやり方は、説得や会議などの調停工作をやるのではなく、その場でひとり、天に向かって「メグウィッチ、メグウィッチ（有難う）」と、パイプで感謝の祈りを捧げるだけだったという。それでも、不思議なことに紛争は収まり、結局ピースウォークは最後まで完結できた。

このあたりのやり方は、仏舎利塔の建設のためにひたすら団扇太鼓をたたいてお題目を唱えるという日本山妙法寺によく似ている。祈りで場を整えるだけで、外界には一切働きかけをしないにもかかわらず、不思議にすべてがうまくいくという、一種の魔術的な方法だ。

このピースウォークは、いわば「アメリカ大陸横断祈りの旅」であり、２０１６年から私たちが実行している「日本列島祈りの旅」の原型だ。

4章で述べた1997年の第4回フナイ・オープン・ワールドで、アシリ・レラさんがわざわざトム・ダストウを訪ねて来たのには、これだけの背景があったのだ。

天外、セクオイヤと出会う

第4回フナイ・オープン・ワールドの翌1998年5月、私は仕事の出張でボストンにいた。

たまたま偶然にスケジュールが1日空いたので、トム・ダストウに電話をすると、ちょうど夕方にボストンで集会があるといって私のホテルに訪ねて来た。

やがて、同じ集会に参加するためカナダからチョクトー族の長老、セクオイヤ・トゥルーブラッドが駆けつけてきて合流した。この背が高く、長い白髪をなびかせた人が、後に私に「聖なるパイプ」を授けてくれることになる。

その集会は教会で行われた。まずトムとセクオイヤがインディアンの祈りと儀式をした後に、宇宙飛行士のエドガー・ミッチェルや、映画『アラビアのロレンス』のモデルになったT・E・ローレンスの伝記を書いたハーバード大学医学部のジョン・マック教授の講演があった。

講演は、量子力学が発達した結果、科学が宗教の説いてきた世界と接近してきた、などの内容であり、私が「あの世の科学」として講演している内容とほとんど同じだった。

6
2000年

宇宙の流れに乗る不思議な方法論
セドナツアーでインディアン・スタイルを体験

フナイ・オープン・ワールドが開催された1997年の初頭から（4章参照）、私は「マハーサマディ研究会」という団体を立ち上げていた。

「マハーサマディ」というのは、瞑想をして至福のうちに意識して亡くなることをいう。その12年前に父親が亡くなっていた。自分の葬式で使う写真を選び、家族や見舞客にお礼をいって、見事な死にざまを見せていた。ところが、具合が悪くなると集中治療室で管だらけのスパゲティ状態になった。喉も切開して人工呼吸器が取り付けられた。麻酔で朦朧とした中で管を抜こうとするので、手足を縛られ、心を閉ざしてしまい、結局、誰も見ていないときに亡くなってしまった。とても残念だった。

「もう少しましな死に方はできないもんですかねえ……」

といったら、臨済宗の僧侶、松原泰道《たいどう》師（２００９年逝去）が仏教では坐禅中に亡くなる「坐亡」というのがある、と教えてくれた。ヒンズー教では、それを「マハーサマディ」という。


船井幸雄さんに頼まれて、１９９６年に直感力研究会という集まりで、「死とは何か、いかに死ぬか」というタイトルで講演した。

ほとんどの人は病院の集中治療室でスパゲティ状態になって死ぬ。あまりいい死に方とは思えない。じつは、「マハーサマディ」というのがあることがわかったので、それをみんなで研究しようじゃないか。瞑想中に至福のうちに意識して死ぬという技法を習得する会を作ることを提案した。全員が大賛成で、拍手喝さいだった。

この直後に、『大往生』（岩波新書）という本が大ヒットしていた永六輔さん（２０１６年逝去）と、雑誌のための対談をした。この話をしたら、「死というのは、本来個人的なものだ。みんなでこんな死に方をしたい、などというのは極めて気持ちが悪い」と、大反対をされてしまった。当時は、まだ「オウム真理教」の記憶が生々しかったころなので、同じような印象を受けたのかもしれない。

直感力研究会では賛同を得たのだが、あれはどちらかというと特殊な人たち。世の中一般の感覚は永六輔さんの方に近いだろう。やはり、「死に方」などに焦点を当てた会は無理かな、と私はすっかりあきらめモードになっていた。

ところが、船井幸雄さんがあちこちでこの話をしたので、設立前に会員が８００人も集まってしまい、自然発生的に会が発足した。

マルロ・モーガンとの講演会

マハーサマディ研究会発足直後に河合茂美さんという女性が突然訪ねて来た。『ミュータント・メッセージ』（邦訳：角川書店）というベストセラーを書いたマルロ・モーガンというアメリカ女性を呼んで4月から日本各地（神戸、東京、札幌）で講演会を主催しようとしている。東京での講演会で一緒に講演してくれないか、というのだ。

『ミュータント・メッセージ』というのは、マルロ・モーガンが突然オーストラリアの先住民と一緒に砂漠を数か月間にわたって旅をするというストーリーで、先住民がテントの外に出て瞑想をして亡くなること、準備が出来たらマルロ・モーガンにもその技法を教えてやるということが描かれていた。彼らはマハーサマディの技法を身に着けているのだ。私がマハーサマディのことを書いた『理想的な死に方』（徳間書店）で、この話を紹介した。だから講演を依頼されたのだ。

ところが講演会当日、私が話した後、彼女の講演中にアボリジニ（オーストラリアの先住民）が三人乱入し、「マルロ・モーガンはインチキだ。嘘を書いて先住民をネタに大儲けをしている！」と大声で叫び出し、講演会を妨害した。

前回の神戸での講演会でも同じことが起きたという。東京の後、札幌で講演会が予定されていたのだが、アボリジニたちはアイヌに働きかけて反対運動をし、ついに講演会を中止に追い込んでしまった。

アイヌの女性長老アシリ・レラさんは反対運動から一歩身を引いており、講演会の中止が決まった後で、傷心のマルロ・モーガンに「つらかったでしょうね」と慰め、祈りの儀式をしてくれた。マルロ・モーガンは声を上げて大泣きした。この後、河合茂美さんはアシリ・レラさんと行動を共にするようになり、8月のフナイ・オープン・ワールドに彼女を連れて来たのだ（4章参照）。

なお、「マハーサマディ研究会」は「ホロトロピック・ネットワーク」と名前を変えて、いまでも存続しており、「日本列島祈りの旅」の実行を支えている。

海外ツアーを企画する

当初、研究会の運営は手探りだったが、2000年にはアリゾナ州への海外ツアーが企画された。きっかけは、研究会事務局の一人、山崎佐弓さんがご主人の仕事の関係でアメリカに赴任されたことだ。

当時はまだいまほどは知られていなかったインディアンの聖地セドナと、ホピ族の居留地を訪れることにした。トム・ダストウに導師を依頼した。

このころ「ホピの予言」が話題になっていた。インディアンは書き言葉がないので、予言は石板に絵と模様で刻まれており、石板の保有者が絵の解釈を伝承している。

プロフェシー・ロック（予言の岩）という岩の前で、観光客相手に「ホピの予言」が語られるが、それは極めて表面的であり、本当の予言は、それとは別に石板に刻まれており、伝承者しか語れない。

「太陽をシンボルとする部族に灰がぎっしり詰まった瓢箪が二つ降る」

と、あたかも広島、長崎の原爆投下を暗示するような予言があることはよく知られている。その原爆で使われたウラニウムもホピの居留区で掘られた。ウラニウムに関する、とおぼしき予言もたくさんある。

この当時、予言の石板の伝承者は、マーティン・ガスウィスーマという名の長老だった。先住民を代表して国連で演説したこともある有名人だ。当然、彼との会合が旅のハイライトになる。

トム・ダストウにいわせると、我々なら5分の電話ですむような話も、インディアン社会では二、三日泊まってじっくり話すのが礼儀だという。事務的に用件だけをさっさと打ち合わせるという文明国のやり方はまったく通用しないらしい。だいたい、伝統派のインディアンの家には、電話はおろか、電気も水道もトイレもない（数軒に一つ、共同トイレがある）。

セドナツアーの下見

1999年10月初頭、山崎佐弓さんとトム・ダストウは下見の旅行に出かけた。

セドナでは、「どこが聖地ですか」という佐弓さんの質問に、トムは「聖地などない、母なる大地全部が聖地だ」と、けんもほろろの回答。

それでも、要所々々で、トムはパイプセレモニーを行った。後から振り返ってみると、このパイプセレモニーが、日本山妙法寺が団扇太鼓を叩いてパゴダ建設を祈るのと同じ役目を果たしていたことがわかった。

しかしながら、この時点の佐弓さんには、そんなことがわかるはずもなく、旅の日程に関して具体的に打ち合わせの相談もしないで、ただパイプをプカプカふかしているだけで、時間を無駄遣いしているようにしか見えなかった。

マーティン・ガスウィスーマは、にこやかに二人を迎え、泊って行けという。文明人には信じられないかもしれないが、伝統派のインディアンは、見ず知らずの人が訪ねて来ても、泊って行けと薦める。まったく無防備で人懐こい。伝統派の部落に行くと犬まで人懐こい。番犬としては全く役に立たない。

子どもたちも人懐こい。目はキラキラと輝いている。日本人だとわかると、「ピカチュー」と叫んで寄ってくる。こんな人里離れたさびれた部落にまでポケモンが知られている。子どもたちは英語がしゃべれないが、身振り手振りでコミュニケーションは何の不都合もない。犬も子どもも、とても愛情深く育てられているのがよくわかる。

それから3日間、佐弓さんとトムはマーティン・ガスウィスーマの家で過ごした。毎朝水くみに行く泉や、痩せたトウモロコシ畑など案内してもらい、雑談に明け暮れた。伝統派の長老は例外なくジョークにあふれ（おやじギャグも多い）、話しているととても楽しい。ところが、旅の打ち合わせは何一つできなかった。話を向けても、ジョークではぐらかされてしまう。

後から分かったことだが、伝統派のインディアンには「計画を立てる」という風習はない。だから、旅の打ち合わせ、という概念がないのだ。決して悪気があって、話をそらしていたわけではない。計画を立てないで「行き当たりばったり」なのだが、何となく偶然うまくいってしまうのを「インディアン・スタイル」という。以下で詳しく述べる。

光の天使像がフェニックスの姿へ

ホピの居留区から空港のあるフェニックス市までの帰り道は、荒涼たるアリゾナの砂漠の中の一本道。さすがに温厚な佐弓さんも腹に据えかねており、助手席のトムに向かって怒りをぶちまけていた。

わざわざアリゾナまで来て1週間、いったい我々は何をやっていたんだろう。旅の計画は何一つ進まなかったじゃないか。

セドナではパイプをふかしていただけだし、マーティン・ガスウィスーマとは毎日雑談ばかり、このままでは旅の実行はおぼつかない。

日本には大勢の仲間が私たちの報告を待っている。

何ひとつ報告できることがないではないかっ！

ちょうど日が沈んで、空には夕焼けの名残が消えかかり、地上に薄昏に包まれていた。その時、インディアンがカチーナ（精霊）マウンテンと呼ぶ山の方から、ものすごく強い光が飛んでくるのが見えた。どう見ても飛行機ではない。

「ＵＦＯだっ！」

すぐに車を止め、二人は外に出た。佐弓さんはＵＦＯを見るのは初めてではなかった。マハーサマディ研究会の合宿では、時折ＵＦＯを目撃する。でも今までは、遠くの方で、光がジグザグに動くだけだった。

このときは、強い光が数十メートルまで迫ってきた。

佐弓さんは、ＵＦＯが自分たちを連れに来たのかと思い、大声で叫んだ。

「We are ready. Take us.（私たちは準備ができている。連れてって）」

後から聞いた話だが、このときトム・ダストウはものすごくビビったという。本当に連れて行かれたらどうしよう……。そして、心の中でつぶやいた。

「I am not ready.（私は準備が出来ていない）」

ウオー・チーフに選ばれたインディアンの猛者よりも、日本の普通の主婦の方が、よほど度胸が据わっている。

ＵＦＯかと思った強い大きな光は、まるで佐弓さんの叫びに呼応するかのように、突然キューっと収縮し、空中一面に光の粉が散ったようになった。それが、徐々に形を作り始めた。なんと！　それは、きらきらと白く輝く巨大な光の天使像だった。翼の羽が一つひとつはっきりと見えるほど鮮やかだった。

「カメラ！　カメラ！」

トムが叫ぶが、佐弓さんは金縛りにあったように一歩も動けなかった。一瞬たりとも、光の天使像から目をそらすことができなかったのだ。

やがて、しだいに光があせていき、翼が伸びて鳥のようになって消えていった。

あたりはすでに漆黒の闇が包み、はるかなカチーナ・マウンテンの上だけがボーっと白い光が残っていた。その中で二人は、かなりの時間、言葉もなく立ち尽くしていた。

そこからフェニックス市までは4時間のドライブ、二人は言葉を失っていた。市の入口の看板を見て、トムがボソッとつぶやいた。

「そうか、最後はフェニックス（不死鳥、鳳凰）になっていたんだ」

光が消える直前に鳥の形になったのだけど、市の名前と奇妙な一致をしていた。

運転中、佐弓さんはその前までの絶望的な感覚はすっかり払拭されており、至福感に包まれていた。そして、「このツアーは祝福されている。私たちは、はかり知れない、大いなるものにサポートされている」という確信が湧き上がってきた。

セドナでのスウェットロッジ

翌2000年1月のセドナツアーは、結局トム・ダストウは都合が悪くなり、導師はセクオイヤ・トゥルーブラッドにお願いすることになった。天外はボストンで一度会っているが、佐弓さんは面識がない。

佐弓さんが電話をすると、「とてもビューティフルな旅のビジョンが見えているよ。インディアン・スタイルの旅にしよう。何も心配することないよ」といわれた。

この時はまだ「インディアン・スタイル」というのが、何を意味するのかはわかっていなかった。

スウェットロッジ会場にて。中央がホピ族のマーティン・ガスウィーマ長老。上がセクオイヤ・トゥルーブラッド。下が桐島洋子さん、右が天外。

旅は35名の日本人が参加した。作家の桐島洋子さん、算命学の大家、中森じゅあんさん、医師で気功家の矢山利彦さんなどの有名人も来てくれた。

到着早々「インディアン・スタイル」の洗礼を受けた。要するに計画も日程も何もないのだ。

スウェットロッジをやる場所はトム・ダストウが決めてくれており、人数が多いので二回に分けてやること、近隣のメディスンウーマン、フィリスさんの薬草に関する講義を受けること、後半はホピの居留地に行くことだけが決まっていた。

あとは何時にどこに行って何をやるという計画は一切なく、行き当たりばったりなのだ。

私はあまりにも無計画なので、毎朝6時にパイプセレモニーをやることだけをお願いした。少なくとも朝は全員揃いたい。バスがチャーターしてあったので、何かが決まれば即実行できる。

佐弓さんは、毎日参加者から聞かれていた。

「明日はどういう日程なのですか？」

「それがねえ、さっぱりわからないのよ。でもきっとうまくいくわ……」

質問者はけげんな顔をしていた。

私は、セクオイヤが時折イーグルの飛び方を見て、これから起きる物事を予測するのを見ていた。まあ、「あした天気になあれ」と下駄を飛ばして占うようなものだ。でも、イーグルは高空を飛ぶので、創造主のお使いだとインディアンたちは信じている。セクオイヤの予測は意外によく当たる。

「明日はどういう日程ですか」と聞かれたとき、「俺に聞かれてもわからないよ。イーグルにでも聞いてよ」と答えたら、これが旅の流行り言葉になり、ついには本のタイトルになった（『イーグルに訊け』飛鳥新社）。

毎朝のパイプセレモニーの後は自由時間なのだが、セクオイヤが突然「ここに行こう」と言い出すこともあるので、全員アンテナを張って置いて行かれないように気を付けてくださいとお願いしていた。全員揃わないことも覚悟していた。

結論からいうと、誰も落伍者は出なかった。そして、事前には何も計画をしていなかったにもかかわらず、毎日毎日がびっしりと充実した旅になった。

どんなに綿密に計画しても、これ程素晴らしい日程にはならないだろう。

マーティン・ガスウィスーマ長老との会合

スウェットロッジは二組に分かれたので、丸二日のワークになった。

2日目の準備をしていた時、突然マーティン・ガスウィスーマ長老が姿を現した。日本人が大勢集まってスウェットロッジをやっている、という噂を聞きつけて、2時間の道のりを人の車に便乗して訪ねてくれたのだ。

素晴らしい会合が持てた。

事前の計画では、ホピの居留地のホテルで彼と会う予定だった。彼の家には35人も入れないので、他にその付近で会合を持てる場所はない。ところがセドナに来てから、それは無理だということがわかった。

アメリカ政府はインディアンに対して、極端な同化策をとっている。「良きアメリカ市民」になることに同意したインディアンは「政府派」と呼ばれているが、インディアンの伝統から離れ、年金をもらい、こぎれいな家を与えられている。

生きていくことに不自由はないのだが、職はなく、誇りもないので精神的にずたず

セドナでの早朝のパイプセレモニー。右端が天外、その左がセクオイヤ。

たになり、アルコール中毒、ドラッグ中毒になる人が多い。政府は、その対策として、居留地の中にカジノやホテルを設立し、その経営をインディアンにまかせ、職の確保に努めている。政府とて無策ではないのだ。

一方、同化策に反発し、年金や家を受け取ることを拒否して、伝統を守っているインディアンたちは、おそろしく粗末な家に住み、痩せた土地でわずかにトウモロコシなどを栽培して生き抜いている。生活は極貧だが、誇り高く、陽気で健康だ。

スウェット・ロッジの前で。左からマーティン、セクオイヤ、天外。

両者を見ていると、人間が楽しく健康に暮らすためには、金や食べ物や家よりも、〝民族としての誇り〟が大事なことがよくわかる。
「政府派」と「伝統派」のインディアンたちの反発、相克は想像以上に強い。私たちがホピの居留地で宿泊するホテルは、当然「政府派」のインディアンが運営している。そこに、マーティン・ガスウィスーマに来てもらうことは不可能だといわれ、頭を痛めていたのだ。

ところが、セドナで私たちがスウェットロッジをやっている場所に、ひょっこり彼が訪ねて来たので、すべてがパーフェクトに解決してしまった。

こういうのが「インディアン・スタイル」の神髄だ。偶然がすべてを解決してしまうのだ。考えてみると、日本人が大勢来てスウェットロッジをやっているという噂を聞いて、マーティン・ガスウィスーマが「よし、訪ねていこう」と決心したのは、3か月前に佐弓さんが訪れて3日間過ごしたからだ。

「ああ、あの時の日本人が来ている」と、彼は思ったに違いない。

つまり、「雑談ばかりで、何の準備もできなかった」と、佐弓さんは思ったのだが、結果的には、その雑談が立派な準備になっていたのだ。

ボルテックス体験

ホピの居留地から帰ってきた最終日、「ボルテックスを体験したい」という参加者の声に応えて、佐弓さんは皆をベルロックという岩山に案内した。

「ボルテックス」というのは、地面から強力な「気」のエネルギーが噴出している場所で、セドナにはたくさんある。佐弓さんは、気功を実習しているので、「気」のエネルギーに敏感なのだが、下見に来た時、トム・ダストウがパイプセレモニーをやった場所がすべて、やけにエネルギーが強いことに気づいていた。その中でも、最も強力だったベルロックにみんなで登り、強力なボルテックスの中で矢山利彦さん指導の下に気功を実習した。これは、素晴らしい体験になった。

下見の時には、トムが単に煙草をプカプカふかしているだけに見えたのだが、そうとは気づかずに、佐弓さんはセドナ全体のボルテックスのあり場所の調査ができていた。こういう、意図しない自然でパーフェクトな準備も「インディアン・スタイル」のひとつだ。

ベルロックはちょっと険しい岩山なので、下りは長い列になった。

再びフェニックス

ふもとにたどり着いた先頭が、振り返って大声を上げた。雲が見事なフェニックスの

1月 14日、 セドナのベルロックに現れたフェニックスの形をした雲。
フェニックスの雲は最後にベルロックにキスをした。

形になっているのだ。くちばしがあり、冠があり、目があり、羽がある。

ふもとから眺めると、フェニックスは次第にベルロックに近づき、くちばしでベルロックにキスするような感じになって消えていった。

一同は感動のあまり声も出なかった。今回の旅は、下見に行ったときの光の天使像、フェニックス像に始まり、最終日には雲のフェニックス像で締めくくられた。

宇宙から祝福された旅だったと、しみじみ感じた。

「インディアン・スタイル」の衝撃

私はこの頃はまだ、ソニーの現役の上席常務だった。前年に犬型ロボットＡＩＢＯを発売、大ヒットしていた。

その事業推進体制を作り、それとは別に二足歩行ロボットＱＲＩＯの開発体制を整備して、私自身がその研究所の所長を務めていた。そのほかに、ロボット関係の大博覧会ＲＯＢＯＤＥＸの準備を進めていた。ＲＯＢＯＤＥＸは２０００年11月に第１回が開かれ、入場3時間待ちの大人気になった。直前に、ホンダのASIMO、ソニーのQRIOと2種類の二足歩行のヒューマノイド(人間型ロボット)が発表されたので、日本中から見物客が押し寄せてきたのだ。

したがって、2000年の初頭、私はソニーでも最も忙しい役員の一人だった。本来なら、1週間も休暇を取ってセドナの旅を楽しむ状況ではなかった。だから、旅から帰ると、たちまちいつもの忙しい日常に埋没されていった。

鎧兜に身を固め、理性の切れ味で勝負する戦場だ。その中で、旅の記憶はまるで夢の中の出来事のように遠のいていった。

ただ、「インディアン・スタイル」という言葉だけは、頭の中でこだまのように繰り返し響いていた。

それまでの36年間のソニーでのキャリアの中で、数えきれないほどのプロジェクトを推進してきた。

綿密に計画し、予算、人員、環境を整え、計画チャート(PERT図という)を作成し、クリティカル・パス(プロジェクトの進行上、最も困難が予想される場面)を予想し、あらかじめ対策を練る、というやり方を身に着けていたし、後輩にも指導していた。

何の計画もせずに、行き当たりばったりで、その時の思い付きで行動するという「インディアン・スタイル」というのは初めてだったし、それが全部うまく行ってしまったというのは驚愕の体験だった。

ある意味では、それまで長年の職業人としてのキャリアが全部覆されるほどの衝撃だった。帰国してからの会社生活は、そんな驚愕の体験とは無関係に、以前と同じように理性と論理を頼りに進んでいった。

ところが、一度植え付けられた「インディアン・スタイル」という名の種子は、私の心の中で少しずつ、少しずつ、密かに成長し、いまではすっかり私のライフスタイルになっている。なぜうまくいくのか、いまならちゃんと説明できる。

宇宙の計画に乗っていく

理性と論理で勝負する普通のやり方は、いわば私のエゴが立てた計画を実行しているに過ぎない。ところが、エゴの思惑とは別に、宇宙にはそれなりの流れがあり、計画がある。よほど注意深く見ないと見えないのだが、「インディアン・スタイル」というのは、それに上手に乗っていく方法論だ。

エゴが立てたどんなに素晴らしい計画よりも、宇宙の計画の方が雄大だ。だから自分でもびっくりするほどの結果につながる。

宇宙の計画に乗るためには、自分自身を明け渡す必要があり、人間の分際であさはかな計画などは立てない方が、かえっていいのだ。

1997年のフナイ・オープン・ワールドで出会い、翌年私と二人で講演旅行を行ったフランスの産婦人科医ミシェル・オダン博士は、安産のコツは大脳新皮質の活動を抑え、古い脳を活性化することだという（4章参照）。

大脳新皮質は理性や論理的思考、エゴなどを司っている。古い脳は本能そのものだ。「女性は誰しもが安産の遺伝子を受け継いでいる」とオダン博士はいう。

難産になるのは、大脳新皮質の思いや計画が、本能の働きを邪魔するからにすぎない。だから、「こんな産み方をしたい」などという思いや、周囲への気配りなどが安産を妨げる。大脳新皮質の活動が弱まり、本能のおもねくままに、獣のように叫び、転げまわって産めば安産になる。

つまり、「すべてを自然の流れにゆだねる」というのが安産のコツだ。「自然の流れ」というのは、「宇宙の計画」と言い換えてもいい。

オダン博士が説く安産のコツは、何のことはない「インディアン・スタイル」とまったく同じフィロソフィーに根差している。

7

2000年

パイプストーンでのサンダンス

聖なるパイプ拝領の物語

インディアンが「サンダンス」と呼ぶお祭りは、8月の満月のころ、4日間行われる。祖先の霊を呼び出して一緒に踊るので、日本流にいえば盆踊りだが、サンダンスは、はるかにスピリチュアルで、厳粛で、過酷だ。

ダンサーとしての参加者は、その4日間、食べることも飲むことも許されない。日の出から日没まで踊り（途中休憩はある）、スウェットロッジに入り、夜は会場内の「控えの間」の土の上で寝る。かろうじて屋根はシートで覆われているが、壁はなく、吹き曝しだ。何人かは、夜も横にはならず、3晩とも朝まで座って瞑想を続ける。セクオイヤ・

トゥルーブラッドもその一人だった。日本でも修験道の「千日回峰」の最後に、9日間の不食、不飲、不眠、不臥の行（四無行）がある。日にちは短いが、セクオイヤたちはそれと同じ行を実行したことになる。サンダンスではその上、昼間は太陽の照り付ける中で踊らなくてはいけない。

祖先の霊を呼び出す太陽の儀式

2000年1月のセドナツアーの時、セクオイヤからサンダンスの話を聞かされていた。サンダンスは4年連続して出席しなくてはいけないが、今年がセクオイヤにとってちょうど4年目にあたり、最後の年だという。これは見に行かざるを得ない。

私はソニーでは、トップが大反対している中、AIBOやQRIOなどのロボットのプロジェクトを苦労して推進し、ロボット博覧会、ROBODEXの準備などでテンテコ舞をしていたのだが、一大決心をして再び1週間の休暇を取った。

この当時、桐島洋子さんはカナダのバンクーバーに大きな家を所有していた。2000

年8月、マハーサマディ研究会事務局の二人の女性(早川英子さん、矢鋪紀子さん)と私は、そこを訪ねたのち、四人でアメリカに飛んだ。

ミネアポリス空港でシカゴから来た山崎佐弓さんと合流し、彼女の車でミネソタの小さな町、パイプストーンに向かった。

インディアンの「聖なるパイプ」の火皿の部分は、赤い色の石でできている。それがパイプストーンと呼ばれる石であり、全米でこの町でしかとれない。インディアンの神話によれば、人類社会はいままで3回亡びており、今回は4回目だそうだ。前回人類が亡びるときに死んでいったインディアンたちの血が固まったのがパイプストーンだという。

かつてアメリカ政府の厳しい同化策の中で、サンダンスのようなインディアン精神を高揚させるような伝統的な儀式は法律で禁止されていた。それでも伝統派のインディアンたちは何とか密かに続けようとし、毎年多くの逮捕者を出していた。

カーター大統領のころに、先住民や黒人の人権が尊重されるようになった。それにともない、インディアンの伝統的な儀式に対する禁止も1987年に解かれたとインディアンたちはいっている。

パイプストーンのサンダンス会場

サンダンスというのは、元々はラコタ族、ダコタ族、ナコタ族などの（白人はスー族と呼ぶ）平原インディアンの伝統だったのだが、すさまじい迫害の中で鬱屈した精神を癒すため、その後は多くの部族で実行されるようになった。

8月の満月なので、全米で同じ時期にサンダンスが開催されるが、このパイプストーンにおけるサンダンスが全体の中心だという。だから、あらゆる部族が集まっている。インディアンだけでなく、エスキモー（イヌイット）や南米のインディオも来ている。

広い原っぱに数えきれないほどの色とりどりのティピ（三角形のテント）が建ち、上半身が裸で、髪に羽飾りをつけたインディアンが大勢行き交っている。まるで映画の中に入ったような光景だ。

セクオイヤ・トゥルーブラッドからは、世界長老会議を開催するから、サンダンスの3日前に来るようにいわれていた。

結論からいうと、長老会議らしき集まりはなかった。セクオイヤが、いろいろな部族

パイプストーンのサンダンス会場。ティピが立ち並ぶ広場から作業に向かう天外。後ろは早川さん、矢鋪さん、桐島さん。彼女たちの後ろの背の低いのがセクオイヤのティピ。（口絵❷）

の長老たちに、日本部族の長老としての私を紹介するだけだった。ほぼすべてのティピを回った。

後から振り返ると、これは私に「聖なるパイプ」を授与して、インディアン社会の中での長老の一人として遇することに対する根回し工作だったようだ。

このコミュニティでは、セクオイヤはよく知られていた。4年目というだけではなく、特別な「ピアス」の儀式をするため、という理由が後からわかった。

サンダンスの会場は、直径100メートルくらいの円形で、西側にダンサーたちの控えの間があり、その両横に簡単な日よけに覆われた観客席がある。南側には、直径1・5メートルはある巨大なドラムが設置されている。

東側には、幅20メートルくらいのゲートが設けられており、両脇にポールが立っている。これは精霊の入ってくる門であり、サンダンスが始まると横切ることが禁止される。横切ると、命が危ないという。

インディアンの宗教の中には、太陽信仰が見え隠れしている。祈りの言葉の中にも「太陽のおじいちゃん、月のおばあちゃん」という言葉がよく使われる。おじいちゃん、おばあちゃんというのは、先達あるいは先祖のことであり、生きていても死んでいても、創造主に近い存在だと思われている。

インディアン社会では年寄りはとても大切にされており、その延長上に創造主が位置付けられている感じだ。このあたりは、天理教の「親神様（おおもとの親としての神）」という概念に近い。ウイリアム・コマンダ大長老も、いつもは単にグランドファーザー（おじいちゃん）と呼ばれている。

サンダンスは、太陽信仰の祈りの儀式だ。太陽は東から上がり、南を通って西に沈む。それに呼応して、それぞれの方角の意味付けがされている。太陽が通らない北は、ご先祖が眠る方角であり、おじいちゃんたちの智慧を象徴している。

四つの方角には、それぞれ色が対応している。

東が「赤」、南が「黄」、西が「黒」、北が「白」だ。

この四つの色は、人種も象徴している。

「赤」がインディアン、「黄」が東洋人、「黒」は黒人、「白」は白人だ（3章参照）。

様々な肌の色の人たちが、お互いに尊重して平和に暮らせますように、という祈りも込められている。

サンダンス会場には、東西南北それぞれの方角に高さ10メートルくらいの柱を立て、対応する色のフラッグと、プレイヤーズタイ（タバコをテルテル坊主のように布でくるんで並べた紐）を飾る。それの準備作業が、我々五人の分担になった。これは結構重労働だった。

このときの、セクオイヤ・トゥルーブラッドのゲストは、我々五人のほかに、ハーバード大学医学部教授のジョン・マック（87ページ参照）、インドのヴェーダ経典を英語に翻訳したスミスというハーバード大学元教授と、ニューエイジ関係の会社を経営しているダンという男性、それから親も親戚もみんな政府軍に殺されたというチコというグアテマラのインディオの計九人だった。

聖なるパイプを授与される

サンダンスの前日、セクオイヤは突然、私に「聖なるパイプ」を授与する、と言い出した。私は天地がひっくり返るほど驚いた。

パイプを持っている人は、パイプホルダーとかパイプキーパーとか呼ばれており、インディアン社会では特別な存在だ。人々からとても尊敬されている。トム・ダストウからは、パイプを拝領する前に長老から薬草の知識など様々なトレーニングをかなり長期間にわたって受けたことを聞いていた。

私は、セクオイヤと、一緒にセドナのツアーをしただけで、何のトレーニングも受けていない。その私を、いきなり長老に仕立て上げようというのだ。

セクオイヤは、私のために新しいパイプを用意していた。火皿の赤い石にはバッファローの彫り物がしてある、50センチメートルくらいの立派なパイプだ。

彼のティピの中で、ゲストたちが円陣を組みパイプセレモニーが始まった。いつものパイプセレモニーと取り立てて変わったところはなかったのだが、セクオイヤが私にパイプを授与する時、二人が青い光に包まれたように、佐弓さんには見えたそうだ。

授与が終わり、パイプが回り、各自がタバコを吸いながら祈りを捧げる。いざ私の番になった時、「今日この時点で、パイプを拝領したのはとても名誉なことだ。これからの残りの人生を、私は人々の心の平安のために捧げることを誓う」と口走っていた。なんと大それた誓いだ、と我ながらあきれ返った。

1月のセドナツアーの時には、毎朝セクオイヤのパイプセレモニーに出てはいたが、パイプが「ピースパイプ」と呼ばれ、人々の心の平安と社会の平和のために祈るのが本分だとは、この時点ではまだ知らなかった。

インディアンがPeaceというとき、単なる平和という意味だけでなく、仏教でいう〝涅槃〟という意味が込められていることも、この後で学んだ。

このとき私は、何も知らずに「聖なるパイプ」の真髄に迫る祈りをしたことになる。

セクオイヤからは、多くの教訓が語られた。

このパイプを持って祈ると「祈りの言葉」はすべて実現する。これは原爆よりも強力なツールだ。だが、祈りが実現するということは、本当は、とても、とても、危険なことなのだ。だから、これを持って祈るとき、感謝の言葉以外は口にするな。

セクオイヤ自身も長老からパイプを拝領するとき、同じことをいわれたという。

パイプセレモニーでは、自分のことを祈ってはいけない、というのはインディアン共通のフィロソフィーだ。

だが、感謝の祈り以外はしないという長老はそう多くはいない。私はその一人であり、以来18年間感謝の祈りを続けている。

じつは、感謝の祈りほど強力な祈りはなく、それ以外の祈りは一切必要ない、というのが最近の私の結論だ。

セクオイヤの語り

その後は雑談になった。

セクオイヤが自分の身の上話を語った。

父親はチョクトー族のインディアンで、牧場に雇われていた。17歳の時、16歳の牧場主の娘さんと仲良くなって生まれたのがセクオイヤだ。父親は半殺しにされて追い出されてしまった。以来セクオイヤは、白人社会からも、インディアン社会からもよそ者扱いをされ、孤独な人生を歩んできた。とてもハンサムで白人的な顔立ちをしていることも、インディアン社会に溶け込めなかった一つの要因だっただろう。

母方の祖母(白人)からは精神的な虐待だけでなく、性的虐待も受けていた。セクオイヤの母を若くして産んだ祖母は、まだ十分に生々しかったのだろう。

父方の祖母(インディアン)はかわいがってくれ、精神的な支えになってくれたという。ベトナム戦争の末期にグリーンベレーとして活躍し、セクオイヤはようやく居場所を見つけることができた。ところが、至近距離で撃ったベトナム兵のポケットにあった家族の写真を見て以来、銃の引き金を引けなくなってしまった。

帰還後ドラッグ中毒になり、売人もやり、通算6年間刑務所で暮らした。その後長老と出会い、パイプを拝領したという、波乱万丈の人生だ。

私は、ジョン・マック教授に話しかけた。

じつは翌月、日本で第7回フナイ・オープン・ワールドがあり、私と教授が2000人の会場で対談セッションをやることになっていた。テーマは「アブダクション(誘拐)」。宇宙人に連れ去られた人々のカウンセリング記録を書いた、同題の教授の著書がベストセラーになっており、日本語訳もそれまでに刊行される手はずになっていた。私は、ＵＦＯは何度か目撃していたが、アブダクション経験はなく、対談で何を話せばいいのか不安だった。この４日間のサンダンスの期間中、教授とみっちり打ち合わせをするつもりだった。

ところが、パイプを拝領した途端、打ち合わせが一切必要ないという気分になった。気持ちが変わった、というよりは打ち合わせなど全く必要ないことがわかった、という感じだ。私は教授に、「打ち合わせはやめよう。何の準備もせずに、二人でステージに立って、何が起きるか見てみよう」と提案した。教授も賛成してくれた。

この時点で、おそらく「インディアン・スタイル」がわずかに身についたのではないかと思う。不安がほとんどなくなったのだ。不安がなければ準備はいらない。パイプを拝領したことと関係しているかもしれない。

セクオイヤが、突然自らのアブダクション体験を語った。実体験だったかビジョンだったのかは定かではないのだが、ＵＦＯに吸い上げられ、はるかに地球を眺め、別の天体まで行ったという。なんだ、こんなに身近に体験者がいたのだ。

私は、セクオイヤに日本に来て一緒にステージに立つように要請した。結論からいうと、翌月のフナイ・オープン・ワールドでの三人の鼎談はとてもうまくいった。

これ以来私は、講演を頼まれても準備をせずに、その場の出まかせを語るようになった。不思議にうまく行くことが多いが、時には前振りだけしゃべって、本題に入る前に時間切れになることもある。それも〝よし〟としている。正確にいうと、毎回うまくいく、というのではなく、うまくいこうが、いくまいが気にならなくなった。お陰でとても楽になった。

聖なる木を準備する

いつのまにか、ティピの外はすさまじい豪雨に見舞われていた。

ティピというのは、雨が少ない中央アメリカの平原インディアンの住居だ。冬は中でたき火を炊くので、頂上は開いており、煙抜きになっている。そこからもろに雨が落ちてくる。雨用の覆いがあり、下から長い木で操作して閉じる。苦労してようやくそれを閉じたセクオイヤは、ひとりずぶ濡れになってしまった。

サンダンス前日のハイライトは、会場の中央に立てる聖なる木を伐採することだ。あらかじめどの木にするかは選んであり、男性のダンサー全員がひと斧ずつ入れることになっている。

やれやれ……と、私は思った。

豪雨の中での伐採になる。見学者も含めて全員がずぶ濡れになるだろう。ところが不思議なことに、その時間になったらぴたりと雨が止んだ。全員が木の近くに移動し、まず木の命をいただくことに許しを請う祈りの儀式が行われた。3歳から8歳くらいの着飾った少女たちが踊り、ドラムと歌と祈りが奉げられる。その時にはなんと、太陽が顔をのぞかせた。


祈りの儀式では、パイプホルダーは、タバコに火をつけて人々にサービスをしなければいけない。セクオイヤに促されて私も拝領したばかりのパイプを使おうとするのだが、さっぱり要領を得ない。これはサンダンスが終わるまで続いた。

日本に帰ってからよく調べると、パイプの吸い口部分の木が、まだ削りが不足しており、火皿の部分との勘合に問題があった。セクオイヤがよほど急いで作らせたのだろう。

選ばれた木は高さ15メートルくらいの杉。かなり幹は太い。男性のサンダンサーたちは全員正装。上半身は裸、色とりどりの美しいスカートをはき、頭にはホワイトセイジを巻き、その両側にイーグルの羽を立てている。ひとりがひと斧入れて交代する。かなりの時間をかけて木は切り倒された。それから大勢で担いで、約3キロメートル離れた会場まで運ぶ。見学者たちもぞろぞろとついていく。


先ほどの儀式で踊っていた正装した3歳くらいの白人の女の子がバギーに乗せられ、お母さんが押していた。ところがでこぼこの野原なので、バギーはまともには進まない。私は突っかかるたびに、持ち上げて援助していた。

その時、後ろの方から厳かな女性の声が響いた。

「Our child should be surely taken cared.（私たちの子どもをしっかりと面倒見なければいけない）」

その言葉が消えるか消えないかのタイミングで、10歳くらいのインディアンの男の子が二人進み出てバギーを持ち上げた。そこから会場まで私とその二人でバギーを運んだ。

会場に着くと母親は丁重にお礼をいって、男の子たちに1ドル札を握らせようとした。男の子たちは受け取りを拒否した。

ほんのちょっとしたエピソードだが、私は伝統派インディアン社会の規律を垣間見た思いがした。

厳かな声の主は見えなかったが、おそらく女性長老だろう。白人の女の子に対して「That girl」ではなくて「Our child」といったこと。男の子たちの素早い反応。アメリカ社会ならごく普通のチップの受け取りを拒否したこと。

同じ状況が、もし日本社会で起きたらどうなるだろうか、考えさせられた。

儀式とシンクロする天候

会場の真ん中には、木を立てるための深い穴があらかじめ用意されていた。そこに木

郵便はがき

恐縮ですが
切手をお貼り
ください

107-0062

東京都港区南青山5-1-10
南青山第一マンションズ602

株式会社 ナチュラルスピリット

愛読者カード係 行

フリガナ		性別
お名前		男・女
年齢	歳	ご職業	
ご住所	〒	
電話		
FAX		
E-mail		
お買上書店	都道府県 市区郡 書店	

ご愛読者カード

ご購読ありがとうございました。このカードは今後の参考にさせていただきたいと思いますので、アンケートにご記入のうえ、お送りくださいますようお願いいたします。

小社では、メールマガジン「ナチュラルスピリット通信」(無料)を発行しています。
ご登録は、小社ホームページよりお願いします。**http://www.naturalspirit.co.jp/**
最新の情報を配信しておりますので、ぜひご利用下さい。

●お買い上げいただいた本のタイトル

●この本をどこでお知りになりましたか。

1. 書店で見て
2. 知人の紹介
3. 新聞・雑誌広告で見て
4. DM
5. その他（　　　　　　　　　　　　　　　　）

●ご購読の動機

●この本をお読みになってのご感想をお聞かせください。

●今後どのような本の出版を希望されますか？

購入申込書

本と郵便振替用紙をお送りしますので到着しだいお振込みください（送料をご負担いただきます）

書　籍　名	冊数
	冊
	冊

●弊社からのDMを送らせていただく場合がありますがよろしいでしょうか？

□はい　　□いいえ

を横たえるとき、インディアンたちはこぞって真新しい毛布を木の下に敷いた。私たちのために命を捧げてくれた木に対する最大限の敬意だ。

インディアンたちは、木でも石でも命が宿っているとみなして、人間と同等に扱っており、「Tree People」「Stone People」という表現をよく使う。これは「八百万《やおよろず》の神」に慣れ親しんだ日本人には、あまり違和感はないが、人間だけ特別扱いをするキリスト教文化で育った人は奇異に感じるだろう。

それから、色とりどりのプレイヤーズタイで木を目いっぱいデコレーションした。セクオイヤと幹部が、ロープをどの枝にかけるか、真剣に検討していた。このロープがどういう意味を持っているのか、あとで我々はショックを受けることになる。

美しく飾られた木は、苦労して立てられ、根元が埋められた。ほぼその瞬間に、ピカッと稲光、すさまじい雷鳴、そして車軸を流すような豪雨が襲ってきた。

もちろん全員がびしょ濡れになった。私は立てられた木に落雷するのではないかと心配になったが、インディアンたちは誰も気にしない。

「まるで仕組まれたように天候が変わる！」

私たちはあっけにとられていた。豪雨が突然止んで太陽が顔をのぞかせる中で祈りの儀式を行い、木を切って運んで、立てたとたんに、再び豪雨と雷。

舞台の上でのお芝居の演出ならともかく、大自然の中で、これはちょっと出来過ぎだ。

「そういえば……」

私は、1997年の第4回フナイ・オープン・ワールドでアシリ・レラさんが興奮して、雨と雷を呼んだのを思い出していた。この後、先住民との付き合いを深めるにつれ、儀式と天候がシンクロするのは、彼らにとっては当たり前だということを学んだ。

いま、こうやって文明社会の中にいると、「あれは、本当に起きたのだろうか」と、記憶にヴェールがかかったように感じる。ところが、先住民の中にしばらくいると、儀式と天候がシンクロすることは何の疑問もなく「当たり前」という感じになってくる。私たちが固定的に持っていると信じている常識的な感覚も、じつは環境に応じてコロコロと変わる。

その日の夜、サンダー・ビフォー・ザ・ストームという名前の、ラコタ族のサンダンスの指導者のひとりが我々の泊まっているホテルに訪ねてきた。明日の朝から踊らなければいけないが、足を捻挫してしまったという。早川さんを中心に日本女性によるヒーリングが2時間続いた。翌朝、彼は最初の1時間は多少足を引きずっていたが、その後は元気になり、4日間踊り抜いた。日本女性はすごい能力があると、インディアン中に知れわたった。

何年かたって、私に人づてでインディアン・ドラムが届けられた。何のメッセージも添えられていなかった。デニス・バンクスのサインがあったが、よく見るとサンダー・ビフォー・ザ・ストームの名前もあった。おそらくは、このときの足の治療のお礼だろう。インディアンのお礼のしかたは、このように何年もたってから、言葉もなく実行されることが多い。

4昼夜続く激しいダンス

翌朝、日の出の時間になると、突然ドラムが鳴り出した。巨大なドラムを五人くらいで叩いている。音がドーンとお腹に響く。ハートビートだ。

着飾った60人くらいの男女のサンダンサーたちが、一列になって踊りながら会場に入ってくる。踊りは、左右2ステップずつ踏む簡単な動きだ。

サンダンスだというのに、東側は厚い雲に覆われていた。

「これでは、サンダンスではなくてクラウド(雲)ダンスだな……」

と皮肉をいったとたんに雲が上下に裂け、間に太陽がギラッと顔を出した。

ちょうどサンダンサーの最後尾が会場に入ったところだった。

あまりのタイミングの良さに、一同息をのんだ。

「この演出は、えらい金がかかっただろうな……」

ジョン・マック教授がボソッとつぶやいた。笑えないジョークだ。単に雲がどいたのではなく、上下に分かれたのも、とても不思議な感じだった。前日に引き続いての、儀式と天候がシンクロする一大ショーだ。

ミネソタ州なので、朝夕はひんやりするが、真夏の太陽はやはり強い。飲まず食わずで、朝から晩まで踊るというのは相当きついはずだ。初日は、2名ほど失神して倒れるダンサーがいた。熱射病気味だろう。でも、水を飲ませるとダンサー失格なので、セイジを炊いて煙を嗅がせるだけだ。ダンサーは、また気を取り直して踊りに参加した。

医者でもあるジョン・マック教授は、
「とても信じられない。文明国でこれをやったら、かなりの人数が死ぬだろう」
といった。ところがインディアンたちは、2日目以降どんどん元気になっていく。2日目には1人倒れたが、3日目、4日目には初日の様子からは信じられないくらい、全員が溌溂としていた。

秘密はドラムだ。腹の底に響く超低音のリズムが、昼休みを除いて日の出から日の入りまで休まず鳴り続いている。それを聞いているだけで、ダンサーでなくても変性意識状態に入る。

我々はサークルの中に入って踊るのではなく、観客席でステップを踏んでいるだけなのだが、2日目から食事が食べられなくなり、1日コーヒー2杯飲むだけで元気に過ごせるようになってしまった。

心理学では、この現象を胎内記憶で説明する。胎児は母親の心臓の音を24時間聞いている。その記憶が残っているので、成人になってもハートビートのドラムを長時間聞いていると、容易に変性意識状態に入るという。

仏教では、これを護摩炊きなどに応用している。

ピアスの儀式

トランスパーソナル心理学の創始者、スタニスラフ・グロフ博士は、元々はＬＳＤを用いて精神病の治療や、一般の人の意識の変容のためのワークショップをやっていた。ところが、ＬＳＤが法律で禁止されてしまったため、薬を使わないで変性意識状態に導く方法論を15年かけて開発した。それは強烈なリズムと呼吸法を用いるのだが、サンダンスが参考になったという。

私はいま、断食の指導をしているが、この現象を応用している。瞑想の間、インディアン・ドラムをたたき続けるのだ。参加者は変性意識状態に入って、お腹がすかなくなる。

サンダンスの最大のハイライトは、「ピアス」と呼ばれる儀式だ。長老が手術用のメスを使ってダンサーの胸や背中に穴を二つあけ、そこに直径1センチメートル、長さ10センチメートルくらいの木の棒を通す。もちろん麻酔はしない。

その木の棒にロープを結び、中央の聖なる木と繋ぐ。あるいは、数個のバッファロー（もしくは牛）の頭蓋骨に繋ぐ。そして皮膚がちぎれるまで踊るのだ。

聖なる木と繋がったダンサーは、全速力で後ろ向きに走り、ドーンと木の棒に負荷をかける。それでもなかなか皮膚はちぎれない。相当な痛みを伴うと思うのだが、ダンサーはそれを何度も何度も繰り返す。

バッファローの頭蓋骨につながったダンサーは、それを引いてサークルの周囲を何十周も走り回る。それでもちぎれないと頭蓋骨の上に人が載り、それを引きずる。

「ピアス」が始まると、それまでの静寂で厳粛な雰囲気が一変し、ささくれだった凄惨な空気に会場が包まれた。大勢の観客の顔が一斉に青ざめた感じだ。セクオイヤからは話は聞いていたのだが、実際に目の前でその光景が繰り広げられると、いたたまれない。早川さんはとても見ていられなくなり、観客席の後ろでうずくまってしまった。

ところが、ダンサーたちは必ずしもそうではなかった。体に穴をあけるとき、初日、2日目は苦痛に顔をゆがめ痛々しかったのだが、それ以降はむしろ恍惚した表情でオペを受けていた。最初は血が止まらなくなるダンサーも何人かいたが、次第にほとんど血が流れなくなっていった。おそらく、変性意識が極まり、超越状態に入って代謝が落ちたのだろう。

パイプホルダーとしての初仕事

バッファローの頭蓋骨をたくさん繋げた若いインディアンが、突然サークルから観客席の私に向かって、タバコが入った包みを投げ入れてきた。

最初は何の意味だか分からず、「はてな？」という顔をして彼を見ると、しきりにお辞儀をする。

ダンサーは、観客と言葉を交わすことは禁じられているので、コミュニケーションはパントマイムになる。しばらくの間、「？」とお辞儀のやり取りが続いた。

やがておぼろげながら私は、彼の意図を汲み取った。

おそらく、おぼつかない手つきでパイプセレモニーをする私を長老として認め、いまから彼が行う「ピアス」の儀式のサポートを依頼してきたのだろう。孤独なダンサーなので、わざわざ初心者の長老を選んだのかもしれない。

それまで長老としての自覚はまったくなかったのだが、私はやおらパイプを取り出し、彼が頭蓋骨を引きずってサークルを何十周か走っている間祈り続けた。何を祈っていいのかわからなかったので、ひたすら般若心経を唱えた。

あれから18年が経過し、いろいろとわかってきたが、般若心経は万能の祈りだ。どんな場面で、何を祈るかに関係なく、どんな宗教の場かにも関係なく、ともかく唱えれば効果が抜群だ。この時は、訳もわからずに唱えたのだが、正解だった。

比較的早く頭蓋骨から解放された彼は、丁寧に私に土下座をしてから控えの間に戻っていった。

これが私のパイプホルダーとしての初仕事になった。

その後も、椅子の上で半跏趺坐《はんかふざ》を組んでいると、何人かの観客のインディアンが瞑想を教えてくれ、と寄ってきた。瞑想指導は長年やっているのでお手の物だ。

中にはタバコをくれた人もいた。インディアン社会では、長老に教えを乞うときにはタバコを持参するのが習慣だ。だから、パイプセレモニーを何回かやると、タバコは減らないで、むしろ増える。パイプを持っていることが知られると、次々に何らかの教えを求めてインディアンたちが訪れてくる。人生相談になることもある。

こうして私は、インディアン社会における長老の役割を、少しずつ覚えていった。

人類全体の苦しみを引き受ける？

3日目に入り、セクオイヤが「ピアス」をするという。我々サポーターもサークルの中に招き入れられた。彼の「ピアス」は特別であり、サンダンス全体のクライマックスとして演出されていた。

背中の4か所に穴があけられて木の棒が通され、ロープが結ばれた。そのロープを、あらかじめ木の枝にかけてあったロープに結び、十人がかりでセクオイヤを空中に引っ張り上げるのだ。

90キログラムは超えると思われる彼の体重が、4か所の木の棒だけで支えられている。その4か所だけ皮膚が20センチメートルほど盛り上がる。とても見ていられない。女性たちからは悲鳴が上がる。

彼は両手にイーグルの羽根を持ち、羽ばたくように振っていたが、明らかに強烈な苦痛に耐えている表情だった。

いったんは3メートルほどの高さに引き上げられたが、それでも皮膚は破れない。そのうちに皆は、セクオイヤをヨッサヨッサと上下に揺さぶり始めた。しばらくして、1

か所、2か所と皮膚が破れ、2メートルほどの高さからどさっと地面に落ちてきた。横たわったまま彼は泣いていた。

ここまで極端な「ピアス」をしないと、彼はインディアン社会に受け入れてもらえないと思ったのだろうか、私はもらい泣きをしながら、感慨にふけっていた。

後から聞いた話だが、何故極端な「ピアス」をするかという質問に対して、セクオイヤは、「ピアス」の儀式は、世界中の人々の苦しみを身代わりになって引き受けるという崇高な意味があるといった。

すさまじい迫害と同化策の中で、悪いことをしていないのに刑務所にとらわれているインディアンが大勢いる。

いま自分は自由の身を楽しんでいるが、「ピアス」をすることで、彼らの苦しみに思いを馳せることができる。世界中で紛争が絶えない。子どもを殺された母親の苦しみは想像を絶する。

いまここで「ピアス」をすることで、そういう人たちの様々な苦しみを自分たちが引き受け、軽減することができる。だから、苦痛が強烈なほど良い、というのだ。キリストだって人類を苦しみから救うために十字架にかかったではないか……。

そのとき私は、心の中にちょっとした違和感が湧き上がるのを噛み締めていた。

おそらく、インディアンたちは長年にわたって白人社会からの迫害にさらされ、耐え難いほどの葛藤を抱えているだろう。それは、「ピアス」で自分の身体を傷つけないと気が済まないほど激しいのではなかろうか。

しかしながら、そこに「人類全体の苦しみを自分たちが引き受ける」という、どちらかというと安っぽいヒロイズムを導入してしまうと、自分たちが抱えている葛藤から目をそらすことになり、心理学的にいえば葛藤の解消にはつながりにくい。

サンダンスそのものは、とても厳粛で、すばらしい祈りの儀式だ。しかしながら、身体を激しく傷つける「ピアス」は、むしろない方がいいように思う。そのかわりに葛藤の解消につながる何らかのワークを導入すれば、さらに優れたお祭りになるのではないかとこの時は思った。

『イーグルに訊け』の第4章で「日本流のサンダンスを企画する」という文章を書いたが、残念ながら、いまに至るまで実行へ向かう兆しはない。このテーマはとても重い。

いまも続く先住民の苦しみ

このサンダンスに、エスキモー（イヌイット）の初老の男性がダンサーとして参加していた。私たち観客とは接触が禁じられているので、直接話は出来なかったのだが、セクオイヤが自分の車に乗せてカナダから連れて来ていたので、事前に事情は聴いていた。

白人から先住民が迫害を受けている、というのはインディアンだけでなく、エスキモーも同じだ。

彼は両足ともひざから下がなく、義足をはいていた。駅から突き落とされ列車に轢断《れきだん》されたのだ。犯人が誰だかはわからない。おまけに2週間前に、息子が自動車事故で亡くなっている。おそらく白人に故意にひき殺されたのだろう、という。

いまの平和で豊かな日本社会からは想像もできないかもしれないが、政府の同化策にあらがっている伝統派のインディアンは、いまでも自動車事故を装ってどんどん殺されている。警官は白人だし、戸籍もないインディアンが殺されても、誰も問題にしない。

1月のセドナツアーの時、セクオイヤと桐島洋子さんと、インディアン部落でのボランティア活動を希望する16歳の日本の若者と一緒に、ツアーの一行とは別行動でアリゾナのビッグマウンテンに向かった。そこで、上記のように伝統派のインディアンが次々と殺されているという話をつぶさに聞いていた。おそらく事情はエスキモーでも同じだろう。なお、ビッグマウンテンというのは、ナバホ族（これは白人の呼称。自分たちはディネと呼ぶ）のサンダンスが行われる場所であり、日本から毎年ツアーが出ているので、日本人には良く知られている。

このエスキモーの男性は、皆と一緒に激しく踊った。ところが義足で長時間ステップを踏むのは無理がある。たちまち両足とも血だらけになってしまった。

サンダンスの責任者、ラコタ族の長老ハリー・チャージャーは、サークルの中に椅子を用意させ、踊らなくていいからここに座っていろと厳命した。

しかしながら、エスキモーの男性は長老がいくら静止しても、立ち上がって踊りだしてしまう。そのたびに両足が血だらけの凄惨な様相になった。

私たちは、全員、顔面蒼白になり、涙がにじんできた。痛くても、つらくても踊らずにいられない、この男性の葛藤の深さが心に刺さった。

これだけ文明が進み、人々の意識が高まっている現在でも、先住民たちはこれほどに虐げられている。まして や、文明人が勢力範囲を拡大する中で、先住民たちが受けた仕打ちは想像に余りある。

さしあたり、日本ではアイヌだ。「日本列島祈りの旅」の原点は、このエスキモーの男性だったのかもしれない。

最終日、そろそろ祭りが終わるころ、２羽のイーグルが飛来し、聖なる木の真上を、２００メートルくらいの高度で30分以上グルグルと旋回した。ダンサーたちも踊りをやめて空を見上げていた。感動的なシーンだった。創造主の祝福であることは、私たちにもわかった。

儀式と自然が一体になる、というのはこういうことだ。

8
2000年

祈りの儀式の物語
三浦半島でのスウェットロッジ

2000年8月のサンダンスの翌月、第7回フナイ・オープン・ワールドに出席するため、ジョン・マック教授とセクオイヤが来日した。

せっかくセクオイヤが来るのだから、三浦半島の私の土地でスウェットロッジをやってもらおうじゃないか、と早川さんがいい出した。

三浦半島の先端、剣崎灯台のすぐそばに300坪の土地があり（現在は買い増して500坪）、ちょうど瞑想センターの建設計画が進行していた。小さな半島の先端付近なので、ほぼ270度を海に囲まれた素晴らしい土地だ。

瞑想センター構想とトンビ

この土地に関するちょっとしたエピソードをご披露しよう。

話は１９９８年にさかのぼる。

私は、三浦半島の先端付近に瞑想センターを作る、という思いに取りつかれていた。このとき56歳。引退まであと数年だ。引退後は瞑想でも指導しながら、のんびりと過ごすつもりだった（こんなに多忙な引退後の人生になるとは夢にも思わなかった）。

なぜ三浦半島なのかはわからない。

４月末に仲間と下見に行った。三浦海岸からの海沿いを道は、右にカーブして丘を登る。頂上付近で細い道を左に折れて南下した。絶景だった。

左はたくさんの船を浮かべた東京湾を挟んで鋸山《のこぎりやま》が迫り、房総半島の先端まで見渡せる。海は太陽の光を浴びてキラキラと輝き、その向こうに大島が黒々と横たわっていた。

路傍に車を止め、大浦海岸に歩いて下る道の途中で東京湾と鋸山を眺め、「このあたりがいいね」と話していた。

日の出の瞑想をしたいので、どうしても東側の土地が欲しい。

それは突然だった。

トンビが後ろから迫り、私の頭に両足でトンとついて前方に飛び去っていったのだ。怪我はしなかったが、爪が頭に食い込み結構痛かった。間近で見るトンビの巨大さ、シュワシュワという羽音の大きさが印象的だった。

私はてっきりトンビが襲ってきたのだと思い、次の攻撃に備えたが、トンビは戻ってはこなかった。たしかに驚くことは驚いたのだが、たまたまトンビが餌と勘違いしたのだろうくらいの感じで、そのまま話題にもならなかった。


その翌々日、知人が福島でインディアンの長老を呼んでスウェットロッジをやるというので参加した。

トム・ダストウに会って以来、何となくインディアン文化に興味を持ったのだ。

スウェットロッジが終わって懇親会になり、私は何気なくトンビの一件を話した。

長老の目の色が変わった。「それはすごい！」というのだ。

「鷹やイーグルは、大空の支配者（ruler）であり、勇士（warrior）であり、創造主のお使いだ。飛び方や行動で創造主のメッセージを伝えることはあるが、めったに人に触れることはない。あなたに触れたということは、よほど強いメッセージを伝えようとしたのだろう」

「どんなメッセージですか？」

「その時あなたが考えていたことを、そうだ、そうだと、肯定したに違いない」

私はちょっと「しまったな」と思った。トンビ（kite）という英語を知らなかったので、hawk（鷹）といってしまったからだ。

鷹は人に近寄らないかもしれないが、トンビはしょっちゅう人の手から食い物を奪う。常に飢えている貪欲な鳥であり、あまり品がいいとはいえない。創造主のお使いになるような高尚な鳥とはとても思えない。トンビに触れられて喜ぶ日本人はいないだろう。

でも、もしあれがメッセージだとしたら、あの時は「ここに瞑想センターが出来たらいいな」と思っていたので、それを創造主が肯定した、ということになる。

いやいや……、私はすぐにその考えを打ち消した。

あれは、単に目の悪いトンビが私の頭を餌と勘違いしただけだろう……。

次に会ったら、あのトンビに眼鏡をかけるようにアドバイスしよう（笑）。

その次の週、私は仕事でボストンに行き、たまたまトム・ダストウとセクオイヤ・トゥループブラッドと会った（5章参照）。ちょうど『宇宙の根っこにつながる人々』（サンマーク出版）という本をまとめるため、トムにはインタビューをする必要があり、余分な話をする余裕はなかった。

セクオイヤが到着した後、私はトンビの一件を語った。福島での長老の話が、やはり気になっていたのだ。この時には、トンビ（kite）という単語は知っていた。

「テンゲさーん」

セクオイヤは、私の目をまっすぐに見つめ、とても深い声で語った。

「それは、とても、とても、すごいことです。あなたは、おそらく選ばれた人なのでしょう」

話の内容は、福島で長老から聞いたのと全く同じだった。今度は、kiteとhawkの混同はなかったはずだ。それでも私の心は疑い深く、お伽話にしか聞こえなかった。

この2年後に、セクオイヤは私に「聖なるパイプ」を授けることになるのだが、修行もしない私をいきなり長老に仕立て上げた背景には、おそらくこのトンビの一件から、私が「選ばれた人」だという錯覚があったのではなかろうか。

アメリカ出張から帰ると不動産屋さんから書類が届いていた。トンビが触れた場所から、直線距離で100メートルも離れていない場所に、廃屋が立っている遊休地があるという。昔ソニーの工場の保養所だったこともあるようだ。

しばらくして見に行くと、屋根は破れ、床が腐った鉄筋コンクリート、二階建ての廃屋が建っていた。二階に登ってみると、270度の海の景観に加え、富士山まで見える。でも、あまりにも建物の状態がひどく、食指は動かなかった。

翌1999年1月、早川さん、佐弓さん、湯川れい子さんなどと、その土地を再び見に行った。

念のために女性たちの意見を聞きたかったのだが、全員が「買うべきだ」と主張した。みんな気楽に買えと薦めるけど……金を出すのは俺なんだけどなぁ……、と内心思った。おまけに、福島での長老、ボストンでのセクオイヤなどの話を、全員が頭から信じている様子だった。あんなお伽話を何の疑いもなく信じてしまうというのは、科学技術の世界で育った私には驚きだったが、かなり心が動いたのは確かだ。

結局、同年の3月に、私はその土地を買ってしまった。ほぼ1億円の衝動買いだ。その後、著名な建築家に瞑想センターの設計を依頼し、2000年9月時点では、「案G」

まで行き、ほぼまとまりつつあった。

早川さんが、ここでスウェットロッジをやろうといい出した背景には、瞑想センター建設前に土地を浄化したい、という意味もあったようだ。

スウェットロッジを準備する

2000年9月2日、第7回フナイ・オープン・ワールドが開かれ、私とジョン・マック教授、セクオイヤの三人でステージに上がり、「アブダクション」のトークセッションを2時間行った。事前に何の打ち合わせも、取り決めもしなかったのだが、とても盛り上がり、聴衆にも満足していただけたと思う。

ジョン・マックと一緒に五人のアメリカ人が来日しており、いろいろと話したが、「宇宙連合」とか「グレイ」などの宇宙人の話が多く、私を「銀河系宇宙人クラブ」の仲間に引き込もうと誘ってくる。面白そうだったのだが、ちょっと胡散臭いので距離を置くことにした。「アブダクション」にかかわると、どうもどんどんそちらに話が行くようだ。

私はまだ、この社会の中で常識人の範囲にとどまっていたかった。

その翌週、三浦半島でのスウェットロッジが行われた。

それ以前に廃屋は取り壊されていたが、土地は草ぼうぼうであり、まず草刈りからやらなければいけない。設営準備に水曜と金曜を当てた。

その2日間は雨が降らず、本番の土、日曜は快晴。それ以外の、月、火、木曜、さらには翌週の月曜も土砂降りの大雨。

後から新聞の天気図を見て驚いた。複数の低気圧が日本列島に殺到しており、土、日曜も三浦半島以外はほとんど雨だった。

まさに、これがインディアン・マジックだ。合理的な説明が不可能な、小さな奇跡といってもよいだろう。

傍からは自在に天候を操っているように見えるのだが、本人は「ああしよう、こうしよう。こうなって欲しい」といった、意図や希望は一切抱いていない。ただひたすら、粛々と準備し、真摯にスウェットロッジを実行しているだけだ。

怪しげな表現になるが、その行為が純粋で、よこしまな動機がなく、宇宙の流れに乗ると、天がサポートしてくれる、という感じだ。

逆に、「晴れてほしい」などというエゴから出た願いをちょっとでも持つと、それは裏切られる。このあたりは、「願いは実現する」と説く、いわゆる「成功哲学」や「引き寄せの法則」とは真逆だ。

「願わないから」「思わないから」「すべてをゆだねるから」、天がサポートしてくれる。エゴが淡くなり自分を明け渡すことで宇宙の流れに乗っていくというのが、「インディアン・スタイル」の秘密だ。

スウェットロッジは、ラコタ語では「イニィプー」という。子宮という意味だ。母なる大地の子宮に戻り、母なる大地の愛情をしっかりと受け取り、心と身体を癒す。

人は誰しもが、母親の子宮を強制的に追い出されたというトラウマ（バース・トラウマ）を抱えており、それに起因する「セパレーション（分離）感覚」に苦しんでいる。人生のすべての苦しみは、そこから生まれるといわれている。母なる大地の子宮に戻ることであらゆる苦しみを癒すことができる。

西洋心理学の中にも、「リバーシング（生まれ直し）」と呼ぶ同じ趣旨のセラピーがある。

天外塾でもそれを導入しているが、スウェットロッジは、強烈な熱さと宗教的で厳粛な雰囲気を伴うので、はるかに効果が高い。

インディアンは、あらゆる場面でこれを使う。病気の治療には薬草も使うが、スウェットロッジが大きな役割を担っている。

インディアンの長老は、裁判官の役割も担っているが、文明国の裁判官のように理性的に裁くことはしない。紛争当事者と長老が一緒にスウェットロッジに入って、それぞれが創造主に祈るだけだ。当事者がお互いに論戦を戦わせるのではなく、創造主にそれぞれの主張を聞いてもらい、長老と共に祈っているうちに自主的に解決をする。

人間が作った法律が規範になるのではなく、それぞれが感じた創造主の目線が規範だ。創造主を意識することによって、紛争を客観的に眺めることができる。その舞台として、スウェットロッジが最適なのだ。

考えようによっては、文明国の裁判制度よりはるかに優れている。5章では、アイヌと日本山妙法寺の日本人との仲を取り持つため、トム・ダストウがスウェットロッジを催したことを述べた。

スウェットロッジは、ドーム状の骨格を竹(アメリカでは柳)で作り、毛布をかぶせて光が漏れないようにする。その上をきれいに布で覆う。

準備しているときに、私はセクオイヤにこっぴどく怒られた。うっかり、ビニールの紐を使ってしまったからだ。すべての材料は、そのまま腐ったら大地に帰る素材でなければいけない。その選択は厳密だ。なにせこれは、母なる大地の子宮なのだから……。

骨格ができ、毛布で覆い、ようやく布をかぶせた時点で、セクオイヤはやり直しを命じた。布の配置が美しくない、というのだ。すべてがきちんとし、美しくないと精霊は来てくれない。

崇高な儀式となる

セクオイヤは、スウェットロッジの入口を東にした(ラコタ族では普通は西にする)。その前に祭壇を作り、その先に焚火を炊き、ゲートを設けた。始まると、祭壇とゲートの間は横切ってはいけない。なぜなら、そこは「精霊の通り道」だからだ。このあたりの祭祀の設定シナリオは、サンダンスと全く一緒だ。

スウェットロッジの中心には、穴が掘られており、そこに焚火で焼いた花崗岩を次々に運び込む。中は光が遮断されて真っ暗なので、石は真っ赤に透き通って見える。その石でセイジを焼いて香りを高め、水をかけて蒸気で満たす。とても熱い。

スウェットロッジの広さは、普通なら四、五人でいっぱいになる程度だ。そこに20人以上座っているので、ほぼ肌と肌が密着状態。全員が滝のように汗を流している。

目が慣れてくると、天井には色とりどりのプレイヤーズタイが飾られているのが、花崗岩の光でほのかに見える。セクオイヤが司祭として入口に向かって右に座り、私は副司祭として左に座った。

セクオイヤがドラムをたたいて歌い、祈る。祈りの言葉は、即興であり、長老によっても違うし、同じ長老でも毎回違う。その後、参加者全員が祈る。

何を祈ってもよい。母なる大地と対話をするのだ。むちゃくちゃな熱さと崇高な雰囲気の中で、何かを意識して考えることはできない。格好づけも、装うこともできない。不思議に全員が魂の底からほとばしる言葉を紡ぐ。

しばらくすると休憩になり、全員が外に出て、ほてった体を癒す。これを4回繰り返す。

後から振り返ると、この4回のセッション全体が何か大きなストーリーになっていることがわかる。意図して作り上げたのではなく、自然に降りてきたストーリーだ。

4回が終わると、日はとっぷり暮れ、空は一面の星。あたりに明かりがないので、星の数がやけに多い。

地面に仰向けに寝っ転がって、星を見ていると、身体は母なる大地にずぶずぶと溶け込んでいく。


翌朝は、大浦海岸で日の出のパイプセレモニー。そして、もう一度スウェットロッジを実行した。

ジョン・マック教授はスウェットロッジに入ったが、一緒に三浦海岸まで来ていた「銀河系宇宙人クラブ」のアメリカ人たちは入らなかった。宇宙人はお熱いのが苦手なのかもしれない。

それまでに数限りなくスウェットロッジを体験してきたが、この時ほど崇高で輝かし

セクオイヤが大浦海岸でイーグルの羽根を持って祈っている。

9月、 スウェットロッジの準備中。写真では、不思議な光が東から入口に入っていた。右が天外、左がセクオイヤ。（口絵❻）

い体験はなかった。おそらく、今後もないだろう。

後になって、スウェットロッジの準備をしているときに撮影した写真を見てみたら、セクオイヤが「精霊の通り道」と称したところに虹色の光が走り、その強い光がスウェットロッジの入口に飛び込んでいくのが写っていた。

9

分離から統合へ向かう意識の成長

「聖者の行進」の陰に隠れている心の闇

ジャズは20世紀の初めに、ニューオルリーンズの黒人たちから発生した。

アメリカ社会で迫害を受けていたのはインディアンだけではなく、黒人も同様だった。生きていくのはとても大変で、死は救いだった。埋葬が終わると、バンドを先頭にお葬式の行列が街に繰り出し、踊りまくる。

その時に演奏される曲が、有名な「聖者の行進(When The Saints Go Marching In)」。苦しい地上での人生が終わり、天国で聖者たちの仲間になることを祝う。底抜けに陽気な曲だが、じつはお葬式の歌だ。

理想的な聖者へのあこがれ

人は聖者にあこがれる。神の化身であり、理想的な人物像でもある。イメージとしての聖者にあこがれているうちはまだいいが、生きている人間に聖者のイメージを投影すると、様々な問題を生じてくる。現実にはそんな理想的な人物はいないからだ。

インディアンについて記された本（私の過去の著書を含む）を見ると、例外なく長老たちの素晴らしさが強調されている。慈愛に満ち、人間の心理や物事の本質を理解しており、押しつけがましさはなく、謙虚で、ユーモアにあふれている。

文明国のリーダーたちの、ちょっとギラギラした存在に比べると、とても魅力的だ。書かれていることは、まぎれもない事実なのだが、それとは別の側面もある。何年も付き合っていれば、「長老といえども、やはり人間だ」という状況にも遭遇する。当然だ。現実には、どこにも理想的な聖者などはいない。

仲間内の1人（日本在住のアメリカ人）は、長年修行をして長老から「聖なるパイプ」を拝領していたのだが、そういう状況に遭遇して、パイプを返納した。長老の人間性に幻滅を感じたからだ。

ただ、そういう幻滅を感じるようなエピソードは、本には中々書けない。読者は混乱するだろうし、読んだら不快感を覚えるだろう。みんな「美しい物語」を求めている。そんなダークなエピソードを書くと本の売れ行きはガクンと落ちるのは間違いない。「先住民賛歌」「長老賛歌」を歌っていれば、作家も読者も出版社も皆ハッピーなのだ。

1997年に「マハーサマディ研究会」を組織したとき、「意識の成長・進化」をテーマの一つに掲げた。

人間は誰しもが、仏教でいう「悟り」に向かって一歩一歩、歩みを進めていく。その歩みを援助し、指導してくれる講師陣を30名以上集め、プリンシパル・コントリビューター（主要な貢献をしてくれる人たち）と呼ぶことにした。意識レベルの高い人たちばかりを集めたつもりだった。

講師陣が多いということは、様々なセミナーが企画でき、会は順調に発展を続けた。ところが何年かお付き合いをいただいていると「あれれっ⁉」っと思う言動、「やはり人間だ」というところが披露される。ひとり、ふたりではなく、どんどん増えていった。最初は何となく期待を裏切られたように感じていたが、人数が増えるにつれて疑問が深まり、やがて私自身の中に本質的な問題があることに、しぶしぶながら気付かされた。

私が知らず知らずのうちに、理想的な聖者のイメージを彼らに投影しており、そのイメージと違うところを発見して問題視していたにすぎない。

自分の尻尾を追いかけてぐるぐる回る猫のように、まったくの私の独り相撲だったのだ。当たり前の話だが、彼らは元々逃げも隠れもしない生身の人間であり、イメージ上の理想的な聖者ではありえない。

このことから「聖者のイメージを投影する」ということについての私の探求が始まった。

「嫌だな」のエネルギーと「分離」

これは、「意識の成長・進化」という枠組みの中では、ある〝未熟さ〟を表している。一言でいうと、この投影は人の意識状態の中で「分離」を象徴している。

人は誰でも、自分の中に確かに存在するのだが自分では「嫌だな」と思う側面があり、それを無意識レベルに抑圧して生きている。表面的にはそれはないことにして、ひた隠しにして、「こうあるべきだ」という姿だけを表に出して生活を営んでいるのだ。

ここで「分離」というのは、抑圧された「嫌だな」と思う側面と、表に出している「こうあるべきだ」という姿が大きく分かれていることをいう。「こうあるべきだ」という姿の延長上に「聖者」のイメージがある。「分離」が激しいほど「聖者」へのあこがれも強い。


この話はほとんどの人にとって、ピンとこないだろう。なぜなら「嫌だな」という側面は無意識レベルに抑圧しているので、本人からは見えないからだ。

自分では「いい人間」だと自覚しているのだが、そこからはみ出した別の側面(部分人格)が心の奥底に潜んでいる。その部分人格は滅多に表には顔を出さないのだが、そこから突き上げてくる不快感、不安感、怖れなどが意識レベルに常に上ってくる。

それらの情動を解消しようとして、人は「美しい物語」を求め、誰かに「聖者」のイメージを投影する。

スティーヴンソンの小説に『ジキル博士とハイド氏』というのがある。ひとりの人物が薬の力で性格も風貌も異なる二人の人物に行ったり来たりするというストーリーだ。「分離」というのは、風貌こそ変わらないが、表に見せている「ジキル博士」とは別に、心の底に「ハイド氏」を抱えている状態だ。

ユング心理学では、人類共通のいくつかの基本的なイメージがあるとし、それを元型（アーキタイプ）と呼んでいる。老賢者＝聖者はそのひとつ。

精神的な病の治療中に、患者が過去に大きな影響を受けてきた人のイメージをセラピストに投影することが頻繁に起こる。それを「転移」と呼ぶ。フロイトは「転移」を治療に使ったが、自分史の中で出会った人のみが投影されるとした。聖者などの元型を投影する可能性を発見したのはユングだ。

「聖者」のイメージの投影は、きわめて広くみられる。伝承されているキリストや仏陀の姿も、実体というよりは投影された理想的なイメージに過ぎない。ところが現実に出会う相手は、自分が勝手にイメージした聖者とはかけ離れた生身の人間であり、自分で「嫌だな」と思って抑圧したのとそっくり同じ側面を必ず保有している。それに接すると嫌悪感が湧き上がってくるのだ。だから「聖者の投影」は、最終的には必ず失望に帰結する（対象がすでに亡くなっている場合には、その限りではない）。

ユング心理学では、「嫌だな」と思って抑圧した側面を「シャドー（影）」と名付けて一連の理論を構築している。精神症患のカウンセリングでは、症状に対応する「シャドー」を探り当て、直面できれば症状は好転する。

認知行動療法では、不都合な症状は、「嫌だな」と思う側面が歪んで、「誤った信念」に育ってしまった結果だ、と解釈する。「誤った信念」はある種の学習により獲得されたと考え、それが消えるような（逆の）学習プロセスを導入する。「嫌だな」というエネルギーに付着したラベルを引きはがす治療法ともいえる。

このように、抑圧された「嫌だな」というエネルギーは、様々な不都合な精神的症状と深くつながっている。

心理療法では、その症状が改善されて元の生活に戻れれば治療は成功とみなす。したがって、症状が消えた後でも「嫌だな」というエネルギーはそのまま残り、患者は「分離」の状態が解消されていないことが多い。

ユングは精神的な病の治療後、患者が〝一段と高い意識レベルに着地している〟ことが理想だと述べている。私流に表現すると、〝症状が消えるだけでなく「分離」が解消して「統合」に向かう〟ことが理想だ、となる。

ユングは個人的には、根本的なことがすべてわかっていたと推定されるが、やはり症状の治療を主眼に置いており、〝一段と高い意識レベル〟に関する記述は少ない。ましてや一般のサイコセラピーでは、「分離」が解消されないことはほとんど見過ごされている。

ユングから100年以上たった現在の社会でも、「分離」や「統合」に関してはほとんど知られておらず、こうやって記述しても理解していただける人はごく少数だろう。いまの世の中では、「分離」している人が圧倒的に多いので、それは病的であるとは認識されておらず、誰も問題とは思っていないのだ。

「分離」と「怖れ」のエネルギー

健常者（あるいは治療後に症状が消えただけの患者）の場合には、「分離」の状態にあっても日常生活は滞りなく営めている。しかしながら、「分離」のために「怖れ」のエネルギーに常に突き動かされている人生になる。

「怖れ」のエネルギーは強力なので、それを「戦い」のエネルギーに昇華できれば、社会的成功につながることもある。ところが、その人は常に「分離」に起因する怖れと不安に駆られており、周囲の人も怖れと不安に巻き込み、敵を作る。社会的に成功したからといって戦いの人生から降りることはできない。

詳細に探求していくと、「嫌だな」というのは、自分自身が勝手に貼りつけた判断であり、その大本は、「いい」も「悪い」もない自らの生命のエネルギーの一部だということがわかる。

深層心理学では、人は無意識レベルに多くのモンスターを抱えている、と説いている。種族の繁栄も含めて、生命の継続と維持が脅かされたことに起因する主なモンスターは、

①抑圧された「死の恐怖」
②バース・トラウマ……子宮を強制的に追い出されたトラウマ（オットー・ランク）
③リビドー……抑圧された「性欲」のエネルギー（ジークムント・フロイト）

などが知られている。

これらは、それぞれの心理学者が勝手に別々に命名しているが、ひとつのまとまった

エネルギーだと見なすこともできる。

強いて命名すれば「分離された生命エネルギー」といえる。本来の生命エネルギー（気功でいう「精」、西洋哲学でいう「エロス」）の一部が、やむにやまれぬ様々な事情で抑圧され、分離した状態だと私は考えている。

「親に無視された」「両親は男の子を望んでいたのに女として生まれてしまった」などのつらい幼児体験を経て、この「分離された生命エネルギー」にラベルが貼られる。

主なラベルは、

①私には価値（能力）がない
②私は愛されていない（世界には愛はない）
③私は独りぼっちだ（どうせ皆離れていく）
④私は生まれてきてはいけなかった存在だ（決定的に何かが欠けている）

などだ。これらを天外塾の講師もお願いしているソーシャルテクノロジー（人と組織の覚醒と進化の手法）の第一人者、由佐美加子は「メンタルモデル」と呼んでいる。

この四つの大きな分類のラベルの延長上に、認知行動療法で問題にされる症状に直結する、より具体的な「誤った信念」がラベルとして育ってくる。認知行動療法では、その信念は誤りなのだから、ラベルを引っぺがせば終わりとする。

それに対して由佐美加子は、これは自分本来のエネルギーなのだという認識のもとに、否定しないで「統合」に向かうことを指導している。ユングがいう〝一段と高い意識レベルへの着地〟を具体化しているのだ。

「嫌だな」という思いの奥底には、このような否定的なラベルが貼られたエネルギーが渦巻いている。誰でも、こんな否定的なエネルギーは嫌だ。だから、切り離して捨てようとする。先に述べた「怖れ」を「戦い」のエネルギーに昇華するというのは、社会的に成功すればこのエネルギーを切り捨てられるという錯覚の下に、外部からの評価が得られるように努力することをいう。

ところがこれは、元々自分の中に存在するエネルギーであり、切り離そうとしても無理だし、社会的な評価を得てもなくなるものではない。自分の外側の世界に向かっていくら働きかけても、内側に存在するエネルギーはびくともしない。だから、たとえ社会的に成功しても、怖れや不安にさいなまれ、相変わらず戦いの人生をまい進するのだ。

意識の「統合」

これは私自身、いやというほど経験した。

30歳代で「CD（コンパクト・ディスク）の発明者」という評価を得、マスコミからも持てはやされ、エンジニアとしてこれ以上はないと思われるほどの成功を収めた。ところが、心の中の怖れや不安は一向に収まらず、それを解消するためには、さらなる成功を追い求めなければいけないという思いに駆られていた。

つまり、「社会的な成功は、自分の人生をまったくサポートしてくれない」ということを、いやというほど実感したのだ。

後から振り返ると、かなり病的だったことに気づく。これが「分離」という状態だ。いくら社会的に成功しても、表面的な自己顕示欲が満たされるだけで、内面的な「嫌だな」というエネルギーは一向に解消されず、そっくりそのまま残っている。

インディアンが白人にすさまじい迫害を受けたというと、反射的に「インディアン＝正義」「白人＝悪」というパターン化をする人が多い。すべてを「正義・悪」の構図で読み解くというのも、「分離」の特徴のひとつだ。これは、「嫌だな」（悪）と「こうあるべきだ」（正義）という、分離したエネルギーをそれぞれの対象に投影することに起因する。

イスラム過激派の自爆テロがあると、「テロリストに対する正義の戦い」の声が高まる。ところが自爆テロは、イスラム過激派から見れば、まぎれもない「正義の戦い」であり、「ジハード（聖戦）」なのだ。戦いは常に投影された「正義」と「正義」がぶつかる。世の中、「正義」ほど始末の悪いものはない。

「正義の戦い」というのは、自分では「嫌だな」と思って抑圧した側面を、お互いに相手に投影している。自分で否定した側面を相手に見出すので、お互いに相手が「悪」に見える。

手塚治虫は、『鉄腕アトム』のころは「正義・悪」にとらわれていたが、『火の鳥』あたりから、そのパターンを脱した。おそらく本人がその間に「統合」に向かったのだろう。

宮崎駿の漫画は最初から「正義・悪」のパターンから離れている。そういうストーリーが世の中で受け入れられたということは、社会全体が少しずつ「統合」に向かっている証拠に思える。

このように、あらゆる人は必ずドロドロしたダークな側面を持っており、例外はない。

それを抑圧して、あたかも存在しないようなふりをして生きているのが「分離」の状態だ。その人は戦いの人生を歩んでいるのですぐわかる。

いま、多くの人が社会的成功を人生の目標にしている。「分離」から逃れようとして、「分離」から発生する「戦いのエネルギー」を社会的成功に向けているのだ。書店に行けば、社会的成功のためのノウハウ本が山のように積まれている。

だが、すでに述べたように、たとえ社会的に成功したとしても病的な「分離」が解消されることはない。怖れと不安にさいなまれた人生が続き、安住の地には程遠い。人間としての成長は、社会的な成功とは無関係なのだ。

否定的なラベルを貼ったエネルギーも、元々は自らの生命エネルギーの一部なのであり、もし、抑圧もせず、否定もしないで受け入れることができれば、生命エネルギーは「統合」に向かい、意識は一段高いレベルに着地できる。

そうすると、もう「聖者」のイメージを人に投影しなくなるし、他人の人間臭い営みに接しても嫌悪感が湧かなくなる。ものごとを「正義・悪」というステレオタイプのパターンで見なくなり、自分とは意見が違う多様な人々と一緒にいても、居心地が悪くなくなる。

私がプリンシパル・コントリビューターに対して「聖者のイメージを投影している」ことに自分自身で気付いたということは、後から振り返ると、私自身の意識レベルがほんのわずか「統合」に向かって進んだ証拠だ。もしそれに気付かなかったら、「あいつら、しょうがねえなぁ」と相手を批判して終わっていただろう。

要するに自分の問題ではなく、相手の問題と認識してしまうのだ。これは、いまほとんどの人が陥っている「分離」を象徴する精神状態だ。あらゆる論争や紛争が「分離」を出発点として、相手を批判することから始まる。「分離」の状態にいる人が圧倒的に多いので、この社会は紛争が絶えることがない。

判断しないというトレーニング

私が、曲がりなりにもその状態から抜け出せたのは、セクオイヤから受けていた「Non-Judgmental Approach（判断しない、という物事の捉え方）」のトレーニングの影響が大きい。

私たちは幼少期から、あらゆることを瞬時に「いい」か「悪い」か、判断するようにしつけられている。自分も含めてあらゆる人、あらゆる言動、あらゆる出来事に対してもそうだ。「Non Judgmental Approach」というのは、その「いい・悪い」の判断を保留することをいう。

たとえば誰かが嘘をついたとしよう。私たちはすぐに、

①「あいつは嘘をついた」
②「なんてひどい奴だ」

という感想を持つ。

①は事実だとしても、②は判断だ。「Non-Judgmental Approach」では、それを意識して、区別して、②をそぎ落としていくトレーニングだ。

「嘘をつくのは悪いこと」というのも判断であり、そういう常識的な公式からも離れる練習をする。

「いい」「悪い」の判断をせずに、事実をありのまま見る練習をすると、世界が全く違って見えてくる。まるで白黒写真がカラー写真になるように、物事の本質や美しさに感動

し、心にスペースができるようになる。

天外塾では、この「Non-Judgmental Approach」のために、「鳥の瞑想」というワークを導入している。

右後方3メートル離して「鳥」をイメージし、「客観的に」「中立的に」「冷静に」「いい・悪いの判断をしないで」、自分を見ているという観想だ。

365日、24時間、気付くたびに鳥をイメージする。鳥が近づいてくると「否定的なもう一人の自分」が喚起されてしまうので失敗。3メートル以上離れていることが重要。このワークだけでも、人は「統合」に向かうことができる。

鳥は、「真我（アートマン）」を象徴している。「真我」というと、守護霊、守護天使、ハイアーセルフなどの概念が近いのだが、それらをイメージすると「いい・悪い」の判断に陥りやすいので、おバカな鳥にした。

なお、これとよく似たワークとして「ニューコードNLP（Neuro Linguistic Program）」の「クリアな第三ポジション」というのもある。自分（第一ポジション）でも、相手（第二ポジション）でもない第三者の目で見る訓練のことだ。

「統合」を加速させるために

さて、「分離」と「統合」に関して長々と解説した。

なぜこの話を書いたかというと、いま日本社会（あるいは世界）は全体的に「統合」に向かっており、「日本列島祈りの旅」はその動きを加速させる活動だと確信しているからだ。母なる大地に怨念が封印されて「分離」が激しければ、その上で生きている人たちは中々「統合」へと向かえない。

「日本列島祈りの旅」は、母なる大地が「分離」の状態から脱して、「統合」へ向かうという活動だ。

それと同時に、個人も、人々の集合である社会も、「分離」から「統合」に向かって進むだろう。

社会の進化は人々の意識の成長・進化に支えられ、人々の意識は母なる大地に支えられている。決して切り離して考えることはできない。

人々が「聖者」のイメージを誰かに投影するのではなく、「美しい物語」に酔うのでもなく、「正義・悪」のパターン化を離れて、ドロドロした人間の営みに「いい・悪い」の判断をしないで直面できれば、社会の進化は加速する。

まえがきで、「単純な先住民賛歌だけに終わらないように、今回は思い切って闇の部分にも触れる」と書いた。

いまからご披露するエピソードは、ドロドロした人間臭い営みであり、決して「美しい物語」ではない。読者は不快感を覚えるだろうし、本書の売り上げ部数は、これで確実に減るだろう。「分離」が激しい、大多数の読者からはそっぽを向かれるからだ。

でも、日本社会が「統合」に向かいつつあるいま、「先住民＝いい」「文明人＝悪い」というステレオタイプから脱するためにも、闇の部分も隠さずに書いていくことにする。

三浦半島、2回目のスウェットロッジ

トム・ダストウたちによる1994年の「アメリカ大陸横断祈りの旅」（5章参照）以来、世界中でピースウォークが催されており、日本でも毎年のように実行されていた。その

度にトムや安田純さんなどが呼ばれて、先導者を務めてきた。

たまたま２０００年に、広島原爆の火が、いまに至るまでキープされているのが発見され、その火を掲げたピースウォークが企画された。

ちょうどピースウォークが東京近辺に差し掛かる、会えないか、という連絡をトムから受け、それではちょうどスウェットロッジが壊されずに立っているので、そこでもう一度やろう、ということになった。

かくして、セクオイヤによる、神聖で崇高な、夢のようなスウェットロッジの２週間後、同じ三浦半島の地で、今度はトム・ダストウを導師としてスウェットロッジが開催されることになった。

したがって今回は、マハーサマディ研究会のメンバーのほかに、ピースウォークを実行中の約10名の日本人が加わった。彼らは、ビッグマウンテンのサンダンスに毎年参加している人がほとんどで、パイプホルダーもいた。

インディアンの長老の祈りは、だいたい即興だ。みんな素晴らしい言葉を紡ぐ。

その中でも、トムの祈りはとりわけ美しい。天性の詩人なのだろう。

最初の祈りのセッションは、素晴らしかったのだが、いつもよりかなり熱かった。セクオイヤのときは休憩時間にはみんな外に出て体を冷やしたが、トムは、それを許さなかった。入口の覆いを上げて空気は入れたが、全員ぎゅうぎゅう詰めのスウェットロッジの中にとどまるように厳命した。

「熱い」という声が上がったが、「原爆で焼かれた人はもっと熱かったんだぞ」とトム。

3回目の祈りのセッションのとき、トムの祈りは涙の懺悔になった。

自分は、いままで多くの女性にとてもひどい仕打ちをしてきた。

彼女たちの尊厳を傷つけ、精神を病ませ、人生をめちゃめちゃにしてしまった。

これからは、心を入れ替えてあらゆる人の尊厳を尊重する人生を歩む。

どうか女性たちよ、許しておくれ。創造主よ、こんな私を見捨てないでほしい……。

涙ながらに語る彼の祈りは、とても心がこもっていた。

みんなを指導する立場にある長老がこのような懺悔的な祈りをしたことに対して、参加者全員が感銘を受けていたと思う。

私は、事情を知っていただけに、もらい泣きをした。

涙の懺悔の背景

じつは、2000年1月のセドナツアーのとき、なぜトムが来られなくなったかというと、子どもが生まれるからだった。そのときトムは、人見朴子さん（72ページの写真参照）と結婚していたのだが、それとは別に白人の女性を妊娠させていた。

トムの父親はインディアン。白人の女性と仲良くなって、妊娠させて、蒸発した。トムも、成人してから同じことを何度も繰り返していた。「なんて残酷な……」と思われるかもしれないが、前に述べたようにインディアンには職がないのだ。女房子供を養って、都会で家庭を築くだけの甲斐性がない。おそらく半分は仕方なく逃げていたのだろう。だがもう半分は、ひょっとすると白人に対する復讐の気持ちがあったのかもしれない。

人見朴子さんは、日本人のご主人と一緒にボストンで日本人向けの学校を経営していたのだが、ご主人が急死し、精神的に落ち込んでいたところをウイリアム・コマンダ大長老に救われたという経緯がある。

トムが武力闘争を目指していたときに、アシリ・レラさんや安田純さんがやめるように説得したという話を前に書いたが、じつは人見朴子さんもその一人だった。そして、武力闘争をやめることを決心したトムと結婚した。

1月のセドナツアーに、当初トムは来るつもりだった。不倫だったし、生活力はないし、いままで何度もやってきたように、その白人女性と子供を捨てて、朴子さんのところに戻るつもりだった。そうすればセドナツアーに参加できる。

それを「駄目だよ」と説得したのが朴子さんだ。嫉妬に狂ったのではない。人間として生きるべき道を説いたのだ。我々のセドナツアーに、トムの代わりにセクオイヤを呼んでくれたのも朴子さんだ。

1999年10月、トムが佐弓さんと一緒にセドナに下見に行った頃、ちょうど朴子さんに説得されている最中だった。トムがUFOに連れていかれることをビビった背景には、ほぼ生まれてくる子供と過ごすことに気持ちが傾いていたからだ(97ページ参照)。

トムの不倫にもかかわらず、相変わらず朴子さんとの仲は良かったのだが、二人は離婚、トムはその白人女性と結婚した。朴子さんと一緒にいれば、少なくとも雨露はしのげるし、食事にもありつける。離婚すると、たちまち明日の飯にも困る状態になる。2000年9月の時点で、トムは廃品回収業をやりながら、歯を食いしばって、新しく生まれた8か月の子どもと女房を何とか支えようとしていた。

一般の白人女性が、恐ろしく貧しい伝統派インディアンの部落で暮らすことは考えられず、トムは都会で生活しなくてはいけない。職がないインディアンが、都会の中で政府からの援助なしに生計を営むということは、想像を絶するほど大変だ。

「ホーミタクヤシン！」

スウェットロッジ第3セッションにおけるトムの祈りは、こういう背景のまっただ中で行われた。だから、心がこもっていたし、涙にもなったし、皆に感動を与えたのだ。トムの祈りが終わり、次々に祈りが回っていった。相変わらず熱い。「原爆の……」といわれていたので、みんな必死に耐えていた。

そのとき、一人の男が「ホーミタクヤシン！」と叫んだ。

これは、ラコタ語で「すべての親戚に……」という意味であり、母なる地球が生み出してくれたすべての動物、植物、鉱物などに対する感謝を表す。ところが、スウェットロッジの中でこれを叫ぶと、「もう熱いから耐えられない。外に出してくれ！」という意味になる。

そのとき、トムは司祭として入口に向かって右側に、私は副司祭として左側に座っていた。真ん中には焼けた石を入れる穴が開いており、その前に男は座っていた。これは、一番熱さがきつい場所であり、その男が、毎年ビッグマウンテンのサンダンスで踊っており、パイプも持っているベテランだったので、その場所に座ってもらったのだ。

それまで何十回もスウェットロッジを体験していたが、「ホーミタクヤシン！」という声がかかれば、長老は必ずその人を外に出していた。それは、もう耐えられない、という意思表示であり、尊重されなければいけない。

ところがどうした訳か、トムはその声を無視した。

私は、トムが自らの葛藤に取り組んで、ちょうどサンダンスの「ピアス」のように、自分をこの灼熱地獄の苦しみに追い込まないと気が済まないのかな……、参加者全員を巻き込まなくてもいいのにな……、と思っていた。

その男は、何度か叫んだ後、やおら立ち上がってスウェットロッジの天井を突き破り、前に倒れて焼けた石に手をついた。

私はそのとき、すさまじいエネルギーが破れた天井から出て行くのを感じた。おそらく彼は、苦しみのあまり錯乱状態になったのだろう。火傷は重症であり、救急車が呼ばれ、1か月の入院。

スウェットロッジは完結できずに中途半端に終わった。

かなり後になって、とんでもないことが判明した。

なんと、トムはそのとき隣の通訳の女性に対して、痴漢行為に及んでいたのだ。スウェットロッジは暗闇なので何でもできる。その男の声を無視したのは、原爆も葛藤も関係なく、単に痴漢行為に耽溺していたからかもしれない。

女性は、まさか長老がそのような行為をするとは信じられず、びっくりして声も上げられずに耐えていた。終わってからは自分のせいで創造主の怒りを買い、スウェットロッジが台無しになった、との罪の意識から中々そのことをいい出せなかった。

トムはその直前の真摯な祈りと、全く矛盾するような行為に走ったことになる。

真摯な祈りが嘘だったわけではない。矛盾しているのが人間の生の姿だ。長老といえども聖者ではなく、まぎれもない人間だった、というだけの話だ。

あるいは、長老といえども「統合」が十分ではなく、「分離」が残った状態にあった、とも表現できる。

痴漢行為を是認するわけではないが、人であるなら誰しもが嘘をつく、嫉妬もするし、ときには社会倫理や法律に反する行為もする。そういうドロドロした人間を、否定することなく、全体的に受容していくのが「統合」への道だ。

「分離のまま死ぬ」ということ

「聖者の行進」で、行進している聖者たちは、たった今埋葬した仲間も含めて、目に見えない存在だろう。歌は、(このつらい地上での人生を離れて)あの聖者たちの仲間に入りたい、という歌詞だ。

日本では、死ぬことを「成仏」といい、死体を「仏さん」と呼ぶ。死ぬとみんな「仏」になると信じられている。「聖者」にしても「仏」にしても、この世のしがらみや苦しみ、「嫌だな」と思って否定・抑圧したエネルギーからも解放された姿だ。

インディアンは、それを、魂が「光の国に帰る」と表現する。宗教で説く天国や極楽というよりは、むしろ単純に「成仏」という概念に近い。

死ぬ直前には、ほとんどの人は「分離」の状態から解放されて、「統合」を成し遂げる。心残り(Unfinished Work)があると人はなかなか死ねない。

一般に、人間にとって「死」とは、究極的で自然な「統合」を成就した結果だ。

ところが、死んでも「統合」できずに「分離」のエネルギーとして残ってしまうことも、まれにはある。「分離」が極端に激しい場合だ。「聖者」にも「仏」にもなれず、「光の国」にも帰れず、物理的な身体は失っても、そのままエネルギーとして地上に漂う。巷では、それを「地縛霊」などと呼ぶ。死ぬときに、何らかの「執着」が強すぎる場合、あるいはとてもひどい仕打ちを受けて「怨念」が残ってしまった場合などだ。自然死ではない場合が多い。

戦争は常に残虐だ。昔の戦争では、仕返しを根絶やしにするため、負けた部族を皆殺しにするケースが多かった。

中国の秦(2章参照)、朝鮮半島の新羅、高句麗、百済などが亡びた時、指導層を中心として、きわめて大勢の人々が日本に逃れて来ている。

出雲族は、アーリア人に追われてインドから逃れてきたシュメール系のドラヴィダ人だ。アッシリアに滅ぼされた北イスラエル王国の支族も大勢逃れてきたらしい（2章参照）。逃げないと皆殺しの目にあうというのがその当時の常識だったからだ。

なぜ皆、日本に来るかという疑問を抱かれるかもしれないが、当時は「太陽信仰」が世界共通であり、太陽が昇る東に理想の新天地を求める傾向があったためだろう。大陸伝いに逃げて来て、どん詰まりが日本なのだ。

大和民族とアイヌの５０００年に及ぶ戦いでも、至る所で残虐な行為が繰り広げられたことだろう。大和民族がとりわけ残虐だったというわけではない。当時は世界中で同じことが繰り広げられていた。さもなければ、これほど多くの民族が日本に逃げてくるはずはない。

封印された怨念

書き言葉がある大和民族や白人は、契約書や証文を頼りにするため、口頭での約束はよく破る。アイヌやインディアンは書き言葉がないので、しゃべった言葉がすべてであり、それに信頼を置いた。

大和民族の戦いでは、和平を持ち掛けて宴会で毒殺するという手段がよく用いられた。和平交渉では、常にその用心をするのが常識だった。戦国時代には敵の心理を読み、戦略的に陰謀を巡らす軍師が活躍した。実際に戦闘が始まる前に勝敗の決着をつけるのが軍師の腕の見せ所だった。裏を返せば、陰謀と騙しあいの戦いだ。

言葉に信頼を置くアイヌには、そういう習慣はなく、簡単に騙された。そして、多くのアイヌの英雄が殺された（１章参照）。

しかし、だからといって「アイヌ＝正義」「大和民族＝悪」という「分離」の構図には陥らないようにお願いしたい。それは、書き言葉があるかないかの違いに基づく民族による戦いの風習の違いであり、「いい・悪い」の問題ではない。

虐殺されたアイヌの怨念を封印する方法を教えたのは空海だという説もある（真言宗関係者は否定している）。空海（７７４〜８３５年）は、初代の征夷大将軍の坂上田村麻呂（７５８〜８１１年）やアイヌの英雄、阿弖流為《あてるい》（？〜８０２年）と同世代であり、朝廷に仕えていたわけであり、その可能性は否定できない。

しかしながら、空海ほどの人なら、怨念を解放して成仏する祈りを教えることもできただろう。それをしないで封印する方法を教えたとしたら、何か深いわけがあると思われる。

当時は、目に見えない世界の影響が、いまよりもはるかに重視されていた。

虐殺された魂が「光の国」に帰ると、相手側の勢力が強大になる、と信じられていたとしても不思議ではない。むしろ「分離」のままにとどめて、その場に封印すれば、輪廻転生できず、相手の勢力は徐々に弱っていく、という考え方だ。

転生者が減ることに加えて、後の世代の人々は、次第にご先祖様が少なくなり、その加護が得られないので先細りになってゆく。何百年もたてば、その民族が少しずつ衰退していくという極めて長期的な視線の発想だ。それを空海が立案したのかもしれない。あるいは空海以前から実行されていた大戦略だったのかもしれない。

かつては拮抗していたと思われる大和民族とアイヌ民族の人口比は、いまは極端に違う。北海道にいる伝統派のアイヌは、2万人を切っている。もちろん、日本社会に溶け込んでいるアイヌは多いと思われるが、それを除くと、いまの人口比は数千倍違う。

かくして、日本中いたるところで虐殺されたアイヌの怨念が封印され、そこに「戸」が付く地名が付けられ、あるいは神社が建立されてきた。この作戦は1200年(あるいは5000年)もかけて成功した。大和民族は、いまは日本中を首尾よく支配している。

しかし結果として日本列島の母なる大地は、いたる所で重い蓋がかぶせられ、激しく「分離」した不安定な状態で残されてしまった。「分離」は「怖れ」のエネルギー源だ。

「分離」の強い人は戦っていないと精神が安定しない。だから次々に戦いを仕掛ける。「分離」が強いと、怖れをエネルギー源にするため、心の平安は得られない。絶えず走っていないと生きていけない「マグロ人生」になる。

「分離」の強い人が、「分離」が残った大地の上で、「分離」が強い社会を作っているというのが、いまの日本の現状だ。だから、子どもたちの「分離」を強化する教育を実施し、「怖れ」のエネルギーをかき立てて社員を走らせる企業経営で産業界を盛り上げている。

「個人」も「母なる大地」も「社会」も、本来ひとつのものであり、分け隔てて考えることはできない。その三つのすべてが「分離」から「統合」に向かうお手伝いをするというのが、いまの私のライフワークになっている。

10
2016年

聖なるパイプの威力に驚く「日本列島祈りの旅」の幕開け

２０１６年5月28・29日から始まった「日本列島祈りの旅」に至る、20年に及ぶ物語を語ってきた。

記述は話が前後しているが、１９９７年の第4回フナイ・オープン・ワールドでインディアンと出会い、「聖なるパイプ」を拝領し、インディアン社会にどっぷりつかり、様々な学びを得て、２０１４年の剣山山頂のパイプセレモニーにおける啓示につながったという物語だ。

一つひとつのエピソードはバラバラなように見えるが、こうして並べてみると一連のストーリーになっていたことがよくわかる。

どこか上の方で、とても大きなシナリオが書かれており、私たちはそれにのっとって、この地上という舞台で演技をしてきたのかもしれない。

全国にアイヌゆかりの地名

「日本列島祈りの旅」のベースになっているのが、「かつては日本中にアイヌが住んでいたが、大和民族が虐殺を続け、怨念を封じ、北海道まで追い上げていった」という、2012年のヴィジョン・クエストで宮司さんから聞いた情報だ（3章参照）。

もちろん、日本（大和民族）の正統的な歴史にはそんな記述はないし、抑圧されて葬り去られたと推定されるので、証拠を集めるのも容易ではないだろう。しかしながら、各地の地名を探ればアイヌゆかりの言葉がいくらでも出てくる。

福岡では、筑後平野や那珂川上流の、貝塚や土器など縄文遺跡のあるところにアイヌゆかりの地名が残存しているようである。

『九州の先住民はアイヌ』（根中治、葦書房）から、一部を紹介しよう。

地学的に復元してみた那珂川上流の米冠《しりかんべ》付近は、五、六千年前にはこの山田、寺山田の付近まで、海が迫っており、あの辺りは入江であった。（中略）

（1）米冠（シリカンベ、またはシリカンゲ　Siri-Kampe）

アイヌ語で「海際の山」、または「水面に浮かぶ丘」の意である。語源となる「シリ」（Siri）は元々、土地、地の意味であるが、高地、山、崖（水ぎわの）、島といった意味がある。「カンベ」は水面とか水際という意味である。（中略）

（2）下代久事（ケタイ・クジ　Kitay,-e kusi）

「川向うの山の頂に密生した森のあるところ」。現在でも那珂川上流の右岸山手には、鬱蒼たる原始林があり、その一部は杉林になっている。彼等の本拠地は、那珂川の左岸にあったのであろう。

（3）釣垂（ツタル　Tu-taor-o）

「ツ」は二つという意味もあるが、また尾根《おね》（Ridge of mountain）、また峰の意もある。タオルは川岸の高所の意。現在南畑ダムのある渓谷、二つの切立った岩壁があって、その間を渓流が流れているところ。ダムを造るに好適の地点というような意味である。
（中略）
(5) 内河（ナイカ、上部、高所にある小川、沢の意。Nai-ka アイヌ語？）
(6) 背振山（セブリ山。Sep-ri 高く、広い山。アイヌ語）

福岡県と佐賀県の県境に延々と連なる標高一〇五五メートルの背振山は、その地名の名前の由来――地名解について、従来、色々の説があった。飛竜が背を振ったとか、弁財天の竜馬が背を振ったとか、僧栄西が日本で最初に茶の木を植えた。その伝承に関連して、「茶降」の転訛である、等の諸説である。（中略）

私は「長く続いた高い山」「脊梁山脈」という名前をつけてみた。家に帰り、アイヌに関する書物を調べてみた（アイヌ関係の本は既刊のものは殆ど全部集めていた）。まさしく「幅広い高い山」であった。（以下略）

このように、九州ですらアイヌ語由来の地名が多いということは、かつては日本列島いたるところにアイヌが住んでいた、という仮説の有力な裏付けになる。

しかしながら、歴史から抹殺されているので、いつ、どこで、何が起こったのか判然

岩内の小さな祠の前でアシリ・レラさん、口羽和尚、悟東あすかさん、天外の４人で祈りを奉納。日高町三岩・岩内不動の滝。（口絵❹）

とはしない。

本書では、アイヌが北海道まで追い上げられていった歴史を、仮に５０００年と記述したが、あるいは二万年だったのかもしれない。

坂上田村麻呂と阿弖流為の戦いは約１２００年前であり、舞台は岩手を中心とした東北だ。それ以降の戦いは比較的記録が残っている。

それ以前の歴史に関しては、ひょっとするとアイヌの口承にも残っていないかもしれない。

祈りの旅の始まり

「日本列島祈りの旅」は、さしあたり現在アイヌが居住し、大和民族との戦いの記録がはっきり残っている北海道から始めるのが妥当だろう。

かくして２０１６年5月28日、日本全国から約50名の仲間が新千歳空港に降り立ち、二風谷《にぶたに》でアシリ・レラさんと落ち合った。

祈りの後、虹色に輝く天女の姿が空を昇っていった。（口絵❺）

最初の祈りは、岩内《いわない》という場所。3メートルほどの小さな滝があり、清浄な小川が流れ、素晴らしい景観だ。

ところが、建物は一つも建っておらず、地元の人は幽霊が出るといって、誰も近寄らない。おそらくシャクシャインの乱のころだと推定されるが、ここでアイヌが300人以上追い詰められ虐殺されたという。

日本の僧侶がはるか昔に建てたという小さな祠があり、その前でアシリ・レラさん、口羽和尚、やはり真言宗の僧侶の悟東あすかさん、そして天外伺朗で祈りを奉納した。

私はこの時にはパイプを使わなかった。

最後に川向うに待機していた全員と般若心経。空気が見違えるように軽くなり、滝の上の川面が不思議にキラキラと輝いた。

レラさんは泣いておられた。

小川を渡ってみんなのもとに行き、「とてもうまくいったよ」と報告。

とたんに雲もないのに青空から細かい雨が降ってきた。

レラさんは、

「ああ、喜びの涙だ……」

その後、何の気なしに空を撮った参加者のカメラには、黒雲を従えて登っていく天女のような姿が映っていた。

天女か観音様か、ボディが次第に虹色に輝いてきた。ルルドに現れたというマリア像にも匹敵するかもしれない。

その夜の宿で、アシリ・レラさんから翌日にお祈りに行く判官岬でのシャクシャインと越後庄太夫の最後の様子のお話があった。

越後庄太夫は火あぶりになった時、アイヌ語で、助けに来ようとした約30名のアイヌに「来るなっ！」と叫んだという。

「アイヌは命を惜しめ。俺は火あぶりになっても死なない。ここでアイヌを守る。俺が本当に死ぬときには、日輪が出て鷹が飛ぶだろう……」

越後庄太夫は、元々は鷹匠だった。松前藩は毎年将軍に鷹を献上しており、鷹は藩の有力な収入源だったので、大勢の鷹匠が北海道に来ていた。

彼は大怪我をしたときアイヌに助けられたことがきっかけでアイヌと親しくなり、アイヌ語を覚えたという。

日本側に伝わる伝承とアイヌの伝承はかなり違うが、本書ではアイヌ側の立場で書いている。

判官岬で祈りの儀式

さて、その翌日の5月29日、第1章で述べた判官岬展望台での祈りの儀式になった。

まずはたき火を炊き、イナウ(神おろしのために白木を削ったアイヌの祭具)を立て、アシリ・レラさんの祈りが始まった。

続いて天外によるパイプセレモニー。様式通りにパイプ・フィリング・ソングを歌って、パイプにたばこを詰め、全員で瞑想をした後、お祈りをし、パイプの回し喫みをする。

パイプセレモニーが始まってすぐに、アシリ・レラさんが、

「あ、祝詞が聞こえる」

といった。私には全く聞こえない。

後でわかったのだが、少なくとも八人の人(全員女性)が祝詞を聞いていた。中には、崖

下からスピーカーで怒鳴っているのかと思った、といった人もいた。それほど大きく聞こえたらしい。

アシリ・レラさんによると、越後庄太夫は火あぶりになっている間、祝詞を唱え続けたらしい。それが、処刑から300年以上たった祈りの儀式の最中に聞こえてくる。ちょっと背筋がぞくっと寒くなるような神秘体験だ。

パイプセレモニーでは、アワビの貝殻の上でお清めのセイジを炊く。貝殻は大きなサンゴで支え、その下に折りたたんだハンドタオルを敷き、さらに赤い布を敷いている。

私は、パイプセレモニーが始まってすぐに異常な事態が発生していることに気づいた。アワビの貝殻の下のタオルがぶすぶすと燃え出したのだ。

間にはハワイのカウアイ島で拾った大きなサンゴが挟まっている。

物理的に考えて、タオルが燃えることはあり得ない。

なにか、とてつもない大きなエネルギーが来ているに違いない。

これは逆らわない方がいい。

私は燃えるにまかせておいた。

結果的にタオルはすっかり灰になり、赤い布は大きな穴が開いた。

私の祈りが始まってしばらくして、アシリ・レラさんが遮った。

いま、シャクシャインが来ているが、天外の祈りの言葉がわからないといっている、という。

それからしばらくの間、アシリ・レラさんがシャクシャインの霊に向かってアイヌ語で語り掛けた。

一般に、パイプセレモニーの祈りの言葉は、言語を超越している。日本語でインディアンの霊に語り掛けてもちゃんと通じるのだ。

この時シャクシャインがわからないといったのは、日本語がわからなかったのではなく、おそらくインディアン流の抽象的な表現がわからなかったのだと思う。それからは、私の祈りは具体的な表現を使うようにしている。

このときアシリ・レラさんは、シャクシャインは首がない姿で現れて口羽和尚の前に座ったという。

「天外さんの前に座るべきなのに、なんで口羽和尚だったのだろう」

その疑問は、その夜にとけた。口羽和尚はアイヌにも手伝ってもらって、島根県の川に鮭が俎上するための運動を続けており、その関係で、20年にわたってシャクシャインを供養してきたというのだ。一同納得。

ただ、シャクシャインが首のある姿で天外の前に座ったのが見えた人が二人いた。同じようにシャクシャインが下りてきたことを感じても、人により見え方は異なる。どちらが正しいかなどと議論しても始まらない。元々、見えない世界はあやふやなのだ。


パイプセレモニーが終わり、口羽和尚の施餓鬼供養の番になった。

「一応、施餓鬼供養もやりますかね……」

口羽和尚が、気がなさそうにいった。

私は何故か投げやりの雰囲気を感じて「あれっ?」と思った。

後から聞くと、越後庄太夫もシャクシャインもパイプセレモニーで上がってしまい、施餓鬼供養のターゲットがなくなったように感じた、ということだった。

実際には、シャクシャインと共に殺された多くのアイヌの霊を上げなければならず、施餓鬼供養は必須だった。

1章で述べたように、私は自らのパイプの威力に驚いた。にわかには信じられなかった。パイプの威力に驚いたのは、口羽和尚も同じだった。この判官岬展望台での儀式が終わってバスに戻ったとき、早速島根県の彼のお寺、吉祥山延命寺でパイプセレモニーをやってもらえないだろうか、という打診を受けた。

虚空蔵菩薩求聞持法《こくうぞうぼさつぐもんじ》を成就した真言宗の大僧正が、仏教とは全く関係ない、インディアンの怪しげな祈りを自分のお寺でやることを要望する。ちょっとあり得ない話だ。

私は有り難くご要望にお応えすることにし、この年の10月に島根県の潜戸《くけど》に行った。これはこれで、大きなストーリーが展開された。本書の続編としていずれご披露しよう。

鷹が舞う

さて、5月29日に話を戻そう。

判官岬展望台での儀式が終わった後、私たちはバスに乗って、越後庄太夫の遺体が投げ捨てられたという崖の下の海辺の洞窟に行った。ここもよく幽霊が出るということだ。

とても強いエネルギーで体がびりびりしびれたが、怨念のエネルギーというよりは聖なるエネルギーのように私には感じられた。

シャクシャインの銅像の前で記念撮影。みんなの顔も心なしか晴れやかだ。

あるいは、崖の上の祈りが効いたせいかもしれない。

崖下での儀式が終わって、シャクシャインの銅像があるシャクシャイン記念館（日高郡新ひだか町静内真歌7―1）へは約20分のドライブ。

我々が到着した時には、アシリ・レラさんはすでに祈りを終えており、がっくり疲れた様子で銅像の前に座り込んでおられた。

そのとき、5、6羽の鳥がバタバタと飛び立った。

アシリ・レラさんは、振り

シャクシャインの銅像の向こうに環状の虹がかかり、その中を鷹が舞った。（扉写真）

返ることもせず大声で、「鷹だ！」と叫んだ。

前夜話した越後庄太夫のいまわの言葉が実現したと思ったのだろう。

ところが、その1羽が「カア！」と鳴いた。私は吹き出しそうになった。心の中では、そんな予言が実現するはずない、と冷めていた。

ところがしばらくすると、太陽のまわりに環状の虹がかかった。予言通り日輪が出たのだ。

その中を鷹がしばらくの間、

舞った！

私はそれでも疑い深く、これはトンビではないかと思い、フェイスブックに写真をあげて判定してもらった。判定は紛れもない鷹だということだった。

日輪の中を鷹が舞う、というのは後から聞いた話ではなく、前夜に聞いていた。

それといい、祝詞といい、越後庄太夫の霊は本当に318年ぶりに上がったのだろう。

シャクシャインも同じだ。

「日本列島祈りの旅」は、最初から順調な滑り出しができた。

その後宿に帰り、アシリ・レラさんのユーカラ（アイヌの伝承話）の鑑賞。何度も同じ話を聞いているが、これほどの迫力は初めて。シャクシャインのエネルギーが乗り移ったのか……。

夜遅く、少人数で集まって、昼間の祈りの儀式のサーベイを行った。木村由紀（TYA－TYA）さんが、最近ボディーワークを受けた結果、宇宙語がしゃべれるようになり、とても正確なチャネリングをしてくれるので、皆で聞いた。15分もやっていると、脳が疲れて宇宙語の日本語翻訳ができなくなる。

ところが驚いたことに、アシリ・レラさんが同じ宇宙語に堪能で、通訳を引き受けてくれた。札幌の響きの杜クリニックの院長で、私が進めている医療改革の仲間でホロトロピック札幌の代表、西谷雅史医師も、片言ながら宇宙語をしゃべることがわかった。

宇宙語といい、祝詞といい、日輪の中の鷹といい、シャクシャインの霊といい、いままでの常識がガラガラと音を立てて崩れた1日だった。

むすび

日本は美しい山河と四季に恵まれ、私たちは戦後70余年、世界でも類を見ない平和で優しく温かく豊かな社会を築いてきた。

しかしながら、そんな表向きの繁栄の背後に、この日本列島にはとんでもない秘密が隠されており、長い年月の負の遺産があり、いたるところに目に見えない重い蓋で隠された何かがあり、激しく「分離」されており、そして誰にも知られていない裏の歴史があることがわかった。

本書は、先住民のフィロソフィーを学ぶうちに、その秘密に触れ、謎を解き、重い蓋をこじ開けて、虐殺されたアイヌの怨念を解消するという活動を始めた物語だ。

日本をはじめとする先進国では、ＧＤＰや経済発展が最重視されてきた。これは軍事力で覇権を争った近代初期の名残りだと私は考えている。

封印が解け、光の国に帰るアイヌの魂が増えると多くの赤ちゃんが産まれ、アイヌ民族がまた勢いを取り戻すかもしれない。

それは、日本社会の進化の方向性が経済中心から人間中心へと軌道修正する一助になるだろう。「アイヌ」とは「人間」という意味だ。

さらに、これは私のまったく勝手な個人的な意見だが、怨念が封印されていると、遺跡も発見されないような気がする。

私たちが「日本列島祈りの旅」を進めて、怨念の封印を解くことによって、次々と遺跡が発見され、いまの日本(大和民族)の歴史とはまったく違う、隠されていた裏側の日本の歴史が次々に世の中の明るみに出てくるのではなかろうか。

もちろん、それは何ら根拠のない直感だ。

出雲王国は、実際には存在しなかった架空のお伽話だ、というのが永年歴史学者たちの共通認識だった。ところが、1984年の荒神谷遺跡、1996年の加茂岩倉遺跡などが相次いで発見され、歴史認識が180度ひっくり返った。

梅原猛は、その著書『葬られた王朝―古代出雲の謎を解く』（新潮社）の中で、

「……我々は学問的良心を持つ限り、出雲神話は全くの架空の物語であるという説を根本的に検討し直さなければならないことになる。旧説に対する厳しい批判が必要であるが、それは私にとって大変辛いことである」

と、述べている。

私は、この遺跡発見には伏線がある、と見ている。

じつは、出雲族の歴史を極秘のうちに口承で伝えている家系がある。戦前までは表で語れば処罰の対象（不敬罪）になったので、相当に神経を使って伝承されてきただろう。ところが、伝承者（富當雄《とみまさお》）が勤務していた産経新聞の後輩に司馬遼太郎がおり、この話を公にしてしまった（『中央公論』1961年3月号）。その後、週刊誌などでもかなり騒がれた。

虐殺された怨念の封印を解く、というのとはちょっと違うかもしれないが、2000年以上にわたって封印されてきた出雲王国の物語がまず偶然世に知られ、その直後に遺跡が発見されていることは注目に値する。

遺跡の発見はさておき、歴史学者の説く歴史というのは、目に見える世界だけに限定されているため、極めて表面的だ。その背後に、目に見えない魂の世界や、封印された霊的なエネルギー（地縛霊）が渦巻いており、様々な影響を及ぼしているという力学は無視されている。そのエネルギーにより表の社会に何らかの影響がある、などということを認める人は少ない。

約100年前に、私たちが検知できない無意識の働きを含めた「深層心理学」が誕生したように、将来は目に見えない世界も含めて「深層歴史学」あるいは「深層社会学」という学問が生まれるかもしれない。

本文で述べたように、昔は太陽信仰があったので、戦いに敗れた様々な民族が王家を中心として太陽が昇る東の方向に移動して、日本に住み着いた（189ページ参照）。

日本人は大和民族中心の単一民族だと思っている人が多いが、それは誤解だ。実際には、アイヌや出雲族だけではなく、きわめて多くの民族の混合国家なのだ。当然民族間の争いは激しかっただろうし、多くの虐殺が行われ、あるいは怨念の封印がされてきただろう。

「日本列島祈りの旅」は、大和民族とアイヌの戦いだけでなく、あらゆる民族の封印された御霊を解放することを目指すべきだろう。

そうだとすると、まずはよく知られている北海道、東北のアイヌと大和民族の戦いの痕跡から始め、次第に日本列島を南下して、歴史でも明らかになっていない諸民族に取り組み、最後は沖縄まで祈りに行くのが自然だ。沖縄では、琉球王朝が始まる以前の先住民までたどり着かなくてはいけないので、久高島《くだかじま》がゴールになる。

2014年に剣山で啓示を受け、2016年から「日本列島祈りの旅」を開始することにし、2015年4月にはキックオフの会を企画した。

北海道からスタートして久高島で終わるので、北海道二風谷のアイヌの女性長老アシリ・レラさんと、沖縄久高島のノロ（宮廷に仕える資格を持ったシャーマン）真栄田苗さんに講演をお願いした。北と南の強力な女性シャーマンが一堂に集まるというすごい企画だった。何となく「北の魔女と南の魔女」という、童話のような設定になった。

当初はお二人ともご都合がよい、とのことだったのだが、アシリ・レラさんは病に倒れ、真栄田苗さんは急遽、祈りのイベントが入って来られなくなった。結局このキックオフの会は開催できなかった。こんなことはめったにない。

このことから私は、目に見えない世界で、「日本列島祈りの旅」に対する何らかの抵抗エネルギーが働いていることをほぼ確信した。5000年か1万年か戦ってきたのだから、当然そのエネルギー、「分離」のエネルギーも強力だろう。いままでの戦いの名残、惰性みたいなものもあるだろう。

でも私たちは、抵抗エネルギーと戦って、無理矢理「祈りの旅」を遂行しようとは思っていない。もう、民族間の戦いの時代ではない。あらゆる民族の融合というのは、ウイリアム・コマンダ大長老の遺志であり、我々に残された宿題でもある。

あらゆる戦い、争いを離れ、民族の違いを超え、「分離」から「統合」へ向かう、というのが「日本列島祈りの旅」の大きなテーマだ。これは世界平和に向かう、ひとつのアプローチなのだ。

戦いで平和を勝ち取ることは絶対にできない。抵抗エネルギーも、是非この祈りの旅に参加してほしい。

私はパイプを取り出して、一人で祈った。それは「日本列島祈りの旅」をさせていただく感謝の祈りだった。

ウイリアム・コマンダ大長老が1994年のピースウォークの時、ただ感謝の祈りを捧げたように(5章参照)、日本山妙法寺の僧侶たちがパゴダを建設しようと思った時に、ただ団扇太鼓を叩いて祈るように、私もただ感謝の祈りだけを捧げた。

もう戦いの時代ではない。「分離」の時代ではない。人類の長い年月にわたる悲しい戦いの歴史を乗り越えて、目に見える世界でも見えない世界でも「統合」に向かう時代になってきた。そしておそらく、この細長い日本列島に住まう人々が、地球全体の「統合」への流れをリードする展開になってきたように思われる。

「聖なるパイプ」はピースパイプと呼ばれており、人々の心の平安、社会の平和、そして母なる大地に祈るためにある。それをお預かりして「統合」のための祈りができる。人として生まれて、これほど名誉なことはなく、これほどの喜びはない。

メグウィッチ、メグウィッチ（有難う）。

天外伺朗

2018年3月

記録映画を製作しています

歴史は常に争いに勝った者が自らを正統化し書き換えていきます。敗れた民族・人々の歴史は一部で口承等により伝えられることはあっても、長年にわたって封印されることになります。

日本列島各地に住んでいたアイヌは、大和民族によって北海道へ追いやられていきました。これはアイヌに限ったことではないでしょう。その痕跡は日本の各地に残されています。

2010年代半ば、私たちは、封印された御霊《みたま》に祈りをささげる日本列島祈りの旅をスタートさせました。

2015年5月　神秘の国出雲ツアー

2016年5月　北海道日高地方のアイヌの聖地を巡る

青森の旅での撮影風景

吉岡敏朗監督　1956年、島根県生まれ。日本大学芸術学部卒。「遠野物語」「鉄道の記憶」「笑顔の道しるべ」「つ・む・ぐ」「麻てらす」ほか。

10月　出雲・潜戸での祈り

２０１７年５月　東北・青森縄文の聖地を巡る

10月　出雲・潜戸での祈り

２０１８年５月　東北・岩手縄文の聖地を巡る［予定］

封印は日本中くまなくあり、私たちの世代だけで完結することはできません。

この全国各地へのフィールドワークを世代を超えて継続していくために、当初より吉岡敏朗監督による撮影を続け、記録映画を製作しています。

皆さまも、**日本列島祈りの旅**とその記録映画づくりにご一緒しませんか。クラウドファンディングを通した映画製作へのご協力もいただければ幸いです。

一緒に歴史を紐解き、後世に伝えてまいりましょう。

ホロトロピック・ネットワーク

代表　天外伺朗

日本列島祈りの旅への参加お申し込みと映画製作へのクラウドファンディング

日本列島祈りの旅はどなたでもご参加できます。

旅の日程や申し込み方法、クラウドファンディングに関しては、ホロトロピック・ネットワークのホームページから、「祈りの旅」のページをご覧ください。

ホロトロピック・ネットワーク QR コード

http://holotropicnetwork.wixsite.com/network

日本列島祈りの旅の取り組みに賛同します

アシリ・レラ　和名：山道康子。アイヌ学校、アノイ学校主宰、ユーカリの語り部

口羽秀典　高野山真言宗吉祥山延命寺住職、江の川鮭の会理事長

秋山佳胤　弁護士、医学博士

大久保直政　NGO仙台テンメイ代表、中山歯科医院長

大野百合子　作家、心理療法家、翻訳家、精神世界などの通訳&講師

大村憲子　ジャズダンス、前衛的舞踏、よさこいなど指導の舞踏家

加藤登紀子　歌手

桐島洋子　作家

佐藤青児　医療法人青清会理事長、さとう式リンパケア開発者

亭田歩　ドキメンタリー映像作家

中森じゅあん　算命学者、エッセイスト、バイオシンセス・ボディサイコセラピスト

西谷雅史　響きの杜クリニック医院長

船戸崇史　船戸クリニック医院長

矢山俊彦　Y・H・C・矢山クリニック理事長、バイオレゾナンス医学会理事長

湯川れい子　音楽評論家、作詞家、作詞家協会会長

●秋山佳胤さんからのメッセージ

私たちの生命を育んでいる地球、そしてその地球に祈りを捧げてきた先住民のことを知り、感謝し、祈ることはとても大切なことです。それは地球への祈りであり、私たちへの祈りであり、未来の子どもたちへの祈りでもあります。私たちの思いを後世の方々にしっかり伝えるご活動、ご尽力を心から応援致します。

◆著　者……………………………………………………

天外伺朗　Shiroh Tenge

本名、土井利忠。工学博士（東北大学）、名誉博士（エジンバラ大学）。1964 年、東京工業大学電子工学科卒業後、42 年間㈱ソニーに勤務。「CD」、ワークステーション「NEWS」、犬型ロボット「AIBO」などの開発を主導した。上席常務を経て「ソニー・インテリジェンス・ダイナミクス研究所㈱」所長兼社長などを歴任。現在はホロトロピック・ネットワークを主宰、医療改革、教育改革に取り組み、瞑想や断食を指導。また、ホワイト企業大賞企画委員長として日本の産業界のレベルアップを推進（2018 年度は 5 年目）。「天外塾」という経営塾（人間塾）も主宰している。

ホロトロピック・ネットワーク（医療改革、教育改革、瞑想、断食）
03-6315-2533、070-2209-3128
info@holotoropic.net.org
http://holotropicnetwork.wixsite.com/network

㈱オフィス JK（天外塾関係）
080-4186-4117
officejk@onyx.ocn.ne.jp
http://www.officejk.jp/

ホワイト企業大賞
090-2225-7765
info@whitecompany.jp
http://whitecompany.jp/

日本列島祈りの旅１
先住民の叡智を学び、
アイヌの英雄シャクシャインの御霊の封印を解く
●
2018 年 4 月 18 日　初版発行

著者 / 天外伺朗

装幀 / 斉藤よしのぶ
編集・DTP/ 来馬里美

発行者 / 今井博揮
発行所 / 株式会社ナチュラルスピリット
〒 107-0062　東京都港区南青山 5-1-10　南青山第一マンションズ 602
TEL 03-6450-5938　FAX 03-6450-5978
E-mail　info@naturalspirit.co.jp
ホームページ　http://www.naturalspirit.co.jp/

印刷所 / シナノ印刷株式会社

ISBN 978-4-86451-266-4 C0014
落丁・乱丁の場合はお取り替えいたします。
定価はカバーに表示してあります。